Printed in the USA
CPSIA information can be obtained
at www.ICGtesting.com
CBHW050458260624
10675CB00018B/1505

9 789358 721690

بزمِ ہم نفساں

(خاکے)

قدیر زماں

Bazm e Hum NafsaaN (Khaake)

by: Qadeer Zaman

Edition: February '2024

Publisher :

Taemeer Publications LLC (Michigan, USA / Hyderabad, India)

ISBN 978-93-5872-169-0

کتاب	:	**بزمِ ہم نفساں** (خاکے)
مصنف	:	**قدیر زماں**
پروف ریڈنگ / تدوین	:	اعجاز عبید
صنف	:	خاکے
ناشر	:	تعمیر پبلی کیشنز (حیدرآباد، انڈیا)
سالِ اشاعت	:	۲۰۲۴ء
صفحات	:	۷۶
سرورق ڈیزائن	:	تعمیر ویب ڈیزائن

فہرست

مغنی تبسم: توقیت نامہ

مرتبہ: شاہدہ تسنیم

پیدائشی نام: محمد عبدالمغنی

قلمی نام: مغنی تبسم

تاریخِ پیدائش: ۱۳/ جون ۱۹۳۰ء (آبائی مکان شکر کوٹھ)

والد کا نام: محمد عبدالغنی صاحب

پیشہ: ڈسٹرکٹ مجسٹریٹ وسَب جج

والدہ کا نام: حلیمہ بیگم صاحبہ

ابتدائی تعلیم: مدرسہ تحتانیہ چیلہ پورہ، مدرسہ تحتانیہ جوگی پیٹ، مدرسہ تحتانیہ یلّاریڈی، مدرسہ وسطانیہ اردو شریف حیدرآباد۔ مدرسہ فوقانیہ میدک۔

میٹرک: دارالعلوم ہائی اسکول (۱۹۴۶ء) مضمونِ اختیاری: اعلی ریاضی۔

انٹر میڈیٹ: دارالعلوم کالج (۱۹۴۸ء) مضامین اختیاری: اردو، فارسی اور معاشیات

بی۔اے: جامعہ عثمانیہ (۱۹۵۰ء) مضامین: اردو، سیاسیات اور معاشیات۔

ایم۔اے (اردو): جامعہ عثمانیہ (۱۹۵۲ء)

ایم۔اے (فارسی): جامعہ عثمانیہ (۱۹۶۱ء)

پی ایچ۔ڈی: جامعہ عثمانیہ (۱۹۶۲ء) عنوان : "فانی بدایونی، حیات شخصیت اور شاعری" نگران: پروفیسر مسعود حسین خاں

شادی: ۲۳/اپریل ۱۹۵۱ء کو میر احمد علی صاحب کی دختر اختر جہاں شاہین سے ہوئی۔

اولاد: دو لڑکے ایک لڑکی:

۱۔ محتشم نوید ۲۔ معتصم نجیب ۳۔ اسریٰ بتول

دوسری شادی: ۱۲/ ستمبر ۱۹۷۶ء کو قاضی معین الدین صدیقی صاحب کی صاحبزادی ناز صدیقی مرحومہ سے ہوئی۔

اولاد: دو لڑکیاں ۱۔ دیبا حشم ۲۔ دینا حلیمہ ناز

ناز صدیقی کی وفات: ۹/ مئی ۱۹۸۲ء

ملازمت: ۱۹۵۲ء کیٹلیگر عثمانیہ یونیورسٹی لائبریری ۱۹۵۳ء تا ۱۹۵۵ء یوڈی سی، اے جی آفس، حیدرآباد ۱۹۵۵ء تا ۱۹۵۷ء حیدرآباد ایوننگ کالج، سکندرآباد۔ آرٹس اینڈ سائنس کالج، بدروکا کالج آف کامرس میں جزوقتی لکچرر کی حیثیت سے۔ اسی دوران اردو کالج حمایت نگر میں اعزازی خدمات انجام دیں۔

۱۹۵۷ء میں شعبۂ اردو جامعہ عثمانیہ میں بہ حیثیت لکچرر تقرر۔ ۱۹۶۹ء میں ریڈر شعبۂ اردو عثمانیہ یونیورسٹی ۱۹۸۳ء میں پروفیسر شعبۂ اردو عثمانیہ یونیورسٹی ۱۹۸۵ء میں ایک سال کے لیے ویزٹینگ پروفیسر کی حیثیت سے سنٹرل یونیورسٹی آف حیدرآباد میں خدمات انجام دیں۔

۱۹۸۸ء میں صدر شعبۂ اردو عثمانیہ یونیورسٹی ۳۰/جون ۱۹۹۰ء کو وظیفہ حسن خدمت پر سبک دوش۔

ادارہ ادبیاتِ اردو سے وابستگی:

شعبۂ اردو عثمانیہ یونیورسٹی کی ملازمت کے دوران ہی ادارۂ ادبیاتِ اردو سے وابستہ

ہوئے۔ڈسمبر ۱۹۷۹ء میں معتمد شعبۂ امتحانات نام زد کیے گئے۔

۱۹۷۸ء میں ادارۂ ادبیاتِ اردو کے ترجمان ماہنامہ "سب رس" کی مجلسِ ادارت کے معتمد اور اعزازی مدیر، ۱۷/ اکتوبر ۱۹۹۳ء کو شریکِ معتمد ادارۂ ادبیات اردو نام زد کیا گیا۔ ۴/ اپریل ۱۹۹۴ء سے معتمدِ عمومی کی خدمات پر فائز ہیں۔

مختلف اداروں سے وابستگی:

۱۔ انجمن شبستانِ ادب، حیدرآباد۔(رکن)

۲۔ محفلِ علم وادب ___ عوامی مصنفین۔(رکن)

۳۔ عوامی ادبی سوسائٹی(مشیر)

۴۔ نیشنل رائٹرس اسوسی ایشن(معتمد)

۵۔ حیدرآباد لٹریری فورم(صدر)

۶۔ اردو مجلس(معتمدِ ادبی)

۷۔ اقبال اکیڈمی(رکن)

۸۔ ساہتیہ اکیڈمی۔ دہلی(رکن، اردو کمیٹی)

۹۔ انجمن ترقی پسند مصنفین(صدر)

۱۰۔ ادبی ٹرسٹ(رکن)

۱۱۔ ایچ ای ایچ دی نظامس اردو ٹرسٹ(مختلف کمیٹیوں کی رکنیت)

۱۲۔ ادارہ شعر و حکمت(صدر)

۱۳۔ اردو اکیڈیمی آندھرا پردیش(رکن، بورڈ آف گورنرس)

۱۴۔ شامِ غزل سوسائٹی(صدر/ مشیر)

تصانیف اور تالیف:

ا۔ نوائے تلخ (شاعری) ۱۹۴۸ء

۲۔ تلگو ادب کی تاریخ پر ایک نظر ۱۹۵۲ء

۳۔ نکاتِ اردو ۱۹۵۲ء

۴۔ بازیافت (تبصرے) مارچ ۱۹۶۸ء

۵۔ فانی بدایونی، حیات، شخصیت اور شاعری (تحقیق / تنقید) ۱۹۶۹ء

۶۔ فانی کی نادر تحریریں (ترتیب) ۱۹۷۰ء

۷۔ پہلی کرن کا بوجھ (شاعری) ۱۹۸۰ء

۸۔ مٹی مٹی میرا دل (شاعری) ۱۹۹۱ء

۹۔ آواز اور آدمی (تنقید) ۱۹۹۲ء

۱۰۔ لفظوں سے آگے (تنقید) ۱۹۹۳ء

۱۱۔ درد کے خیمے کے آس پاس (شاعری) ۲۰۰۲ء

۱۲۔ دکنی لغت اور تذکرۂ دکنی مخطوطات ۲۰۰۲ء

۱۳۔ تحسینِ شعر (تنقید) ۲۰۰۳ء

۱۴۔ ہندوستانی مسلمان منزل کی تلاش میں (ترتیب) ۲۰۰۳ء

۱۵۔ فانی بدایونی (تحقیق / تنقید) ۲۰۰۶ء

ترتیب / تالیف:

ا۔ نذرِ فانی بدایونی ڈسمبر ۱۹۶۸ء

۲۔ فکرِ اقبال جنوری ۱۹۷۷ء

۳۔ کہانیاں ۱۹۸۳ء

۴۔ انگریزی میں معاصر ہندوستانی کہانیاں ۱۹۹۶ء

۵۔ عصری ہندوستانی کہانیاں جلد۔ ۴ ۲۰۰۱ء

۶۔ ہندوستانی کہانیاں ۲۰۰۶ء

ترجمے:

۱۔ کہانی اور اس کا فن ۱۹۵۷ء

۲۔ شادی کی آخری سالگرہ ۱۹۷۵ء

ادبی صحافت / ادارت:

رسالے "شبستانِ ادب" (رکن مجلسِ ادارت)، "شعور" (مدیر)، ماہ نامہ "صبا" (رکن مجلسِ ادارت) "شعر و حکمت" (مدیر)، ماہ نامہ "سب رس" (مدیر)

مضامین:

۱۵۰ سے زیادہ تنقیدی مضامین شائع ہو چکے ہیں۔

توسیعی لیکچرس / خطابات:

ملک اور بیرون ملک (لندن، امریکہ) کی مختلف یونیورسٹیوں اور اداروں میں توسیعی خطبات و تقاریر پیش کیں۔

اندرون ملک:

۱۔ علی گڑھ مسلم یونیورسٹی

۲۔ جامعہ اردو علی گڑھ

۳۔ میسور یونیورسٹی

۴۔ ممبئی یونیورسٹی

۵۔ آندھرا پردیش اوپن یونیورسٹی

۶۔ عثمانیہ یونیورسٹی

۷۔ سنٹرل یونیورسٹی آف حیدرآباد

۸۔ مولانا آزاد نیشنل اردو یونیورسٹی

۹۔ ہندی اکیڈیمی، آندھراپردیش

بیرون ملک:

ا۔ "اردومرکز" لندن۔

۲۔ "امیر خسروسوسائٹی آف امریکہ" شکاگو یو۔ یس۔ اے

۳۔ "یونیورسٹی آف کیلی فورنیا" برکلے، یو۔ یس۔ اے

براڈکاسٹ:

ا۔ بی بی سی، لندن۔

۲۔ آل انڈیا ریڈیو، نئ دہلی، کلکتہ، بنگلور، اورنگ آباد، ممبئ اور حیدرآباد وغیرہ۔

انعامات واعزازات:

ا۔ فانی بدایونی، حیات، شخصیت اور شاعریاترپردیش اردو اکیڈیمی

۲۔ پہلی کرن کا بوجھاترپردیش اردو اکیڈیمی

۳۔ آواز اور آدمیبہار اردو اکیڈیمی

۴۔ لفظوں سے آگے آندھراپردیش اردو اکیڈیمی

۵۔ اکنّامادنّاایوارڈمادناٹرسٹ آندھراپردیش

۶۔ بابل ریڈی ایوارڈ بابل ریڈی فاونڈیشن، حیدرآباد

۷۔ اردوپنڈت لٹریری ایوارڈپٹی شری راملو تلگویونیورسٹی، حیدرآباد

۸۔ ہندی اردوساہتیہ ایوارڈ کمیٹی لکھنو

۹۔ آزادی کے ۵۰سال پر ادبی اعزاز ICAPانٹر نیشنل کونسل آف آندھرا پردیش

۱۰۔ادبی ایوارڈ تنقید و تحقیق ۱۹۹۳ء آندھرا پردیش اردو اکیڈیمی

۱۱۔ جشنِ اعتراف خدمات ۱۹۹۹ء نمائش کلب، حیدرآباد۔

۱۲۔ جشنِ نذر مغنی تبسم جولائی ۲۰۰۰ء مدینہ ایجوکیشنل سنٹر، ناملی۔

۱۳۔ولی دکنی ایوارڈ ۲۰۰۳ء مہاراشٹرا اسٹیٹ اردو ساہتیہ اکیڈمی۔

۱۴۔ بہار اردو اکیڈمی ایوارڈ ۲۰۰۷ء بہار اردو اکیڈمی۔

۱۵۔عالمی فروغ اردو ادب ایوارڈ ۲۰۰۷ء دوحہ، قطر۔

(۱) مغنی تبسم۔۔۔ چیزے دیگر است

اردو دنیا کا کوئی شخص یا ادارہ ایسا نہ ہو گا جو مغنی تبسم کی شخصیت اور کارناموں سے واقف نہ ہو۔ اُن کے تبسم کا ذکر میں کم و بیش پچاس سال سے سنتا اور پڑھتا رہا ہوں۔ اس تبسم کے پیچھے چھپی ہوئی شخصیت کو وا کرنے کی کوشش بہت سے احباب نے کی ہے لیکن اس کے بارے میں جو مرقع سید خالد قادری نے کھینچا ہے اُس میں کسی طرح کا اضافہ بہت مشکل ہے۔ پہلے میں اسی مرقعے کو پیش کرتے ہوئے آگے بڑھنا مناسب سمجھوں گا۔ خالد قادری لکھتے ہیں:

"اُس وقت ان (مغنی تبسم) کے لبوں پہ ایک مخصوص مسکراہٹ تھی جو بعد کے زمانوں میں بھی میرے لیے ان کی شخصیت کی پہچان رہی۔ ایک شائستہ مگر ادھوری جو لبوں پر پھیل کر بھی سمٹی ہوئی سی ہو، مجھے اچانک لیونارڈ ڈاونسی کا خیال آگیا۔ شاید وہ یہی مسکراہٹ تھی جو اس کی مشہور زمانہ تخلیق 'مونالیزا' میں ایک پختہ عمر کی عورت کے ہونٹوں پر ہے۔ ایک اس درجہ پُر اسرار اور معنی خیز مسکراہٹ جسے ابہام کی پرتوں سے نکال کر اس کے مفہوم و معنی سمجھنے کے لیے ایک عام انسان کو ادراک و عرفان کی کئی منزلیں طے کرنا ہوں گی۔"

پچھلے چالیس برسوں سے اس تبسم کا اور اس میں ہونے والے اُتار چڑھاؤ کا مشاہدہ کرتا آرہا ہوں تاہم یہ دعویٰ نہیں کر سکتا کہ میں اسے دوسروں کے مقابلے میں زیادہ بہتر جانتا ہوں۔ ان چالیس برسوں سے قبل بھی میں نے مغنی تبسم کو کبھی سرِ راہ، کبھی سلیمان

اریب یا کبھی عالم خوند میری کے ساتھ یا کبھی کسی درس گاہ میں بھی دیکھا ہے۔ پہلی بار میں نے انھیں ۱۹۵۴ء میں نظام ساگر کے کنارے اپنی بیگم اختر جہاں کے ساتھ دیکھا تھا۔ سوچا وہ اپنی بیگم کے ساتھ شاید ہنی مون پر آئے ہیں۔ گلبر گہ اسٹوڈنٹس کاٹیج جو اُن دنوں حیدرآباد میں طلبہ کے لیے ایک مقبول اقامت خانہ تھا، اُس کی طرف سے ہم چند طلبہ پکنک پر گئے ہوئے تھے۔ مغنی صاحب سے میں اس حد تک واقف تھا کہ وہ شاعر ہیں۔ کہیں چند نظمیں بھی پڑھی تھیں۔ کسی پرچے کے (غالباً 'شعور' رہا ہو گا) مدیر بھی ہیں اور شاید کہیں پڑھاتے بھی ہیں۔ وہ تو بعد میں پتا چلا کہ وہ اُن دنوں اے.جی آفس میں یوڈی سی ہیں۔ شادی اور ملازمت کی ضرورت اس لیے پیش آئی کہ ان کے والد محمد عبدالغنی ڈسٹرکٹ مجسٹریٹ و سب جج تھے اور بیٹا کمیونسٹ پارٹی سے وابستہ تھا۔ جب تک بیٹا علاحدہ اور خود مختار زندگی نہ گزارے باپ کی سرپرستی میں سمجھا جائے گا اور مغنی صاحب نہیں چاہتے تھے کہ ان کے اپنے سیاسی نظریات کی وجہ سے اُن کے باپ پر حرف آئے۔ اختر جہاں صاحبہ حیدرآباد گرامر اسکول میں پڑھاتی تھیں، عمر میں بڑی تھیں اور دونوں کی شادی ۱۹۵۱ء ہی میں ہو چکی تھی جب کہ مغنی تبسم ابھی کسی روزگار سے وابستہ نہ تھے۔ یہ باتیں میں اس لیے لکھ رہا ہوں کہ ان واقعات کا اثر جو کہ اُن کی مرضی سے وقوع پذیر ہوئے تھے، اُن کی نفسیات پر بڑا گہرا رہا اور وہ منفی تھا۔

اختر جہاں بڑی ہی غیر نزاعی خاتون رہی ہیں۔ گاؤں کے محاورے کو استعمال کروں تو میرے تجربے میں وہ ایک گائے جیسی خاتون رہیں۔ سماجی رشتوں کے جوڑ توڑ اور کسی طرح کے ہیر پھیر کا انھیں پتا ہی نہ تھا۔ والد کی رحلت کے بعد مغنی تبسم اپنے دو بھائیوں اور پانچ بہنوں کے کس طرح کفیل رہے وہی بہتر جانتے ہیں۔ معیشت کی تگ و دو اور ساتھ ساتھ علم و ادب کی لگن میں زندگی آگے بڑھتی رہی۔ اے.جی آفس سے نکلے تو کئی

کالجوں کے گھاٹ کا پانی پیا۔ آخر میں ۱۹۵۷ء میں آرٹس کالج عثمانیہ یونی ورسٹی میں لکچرر کی حیثیت سے جوائن کیا اور جب ۱۹۹۰ء میں بہ حیثیت پروفیسر و صدر شعبۂ اردو وظیفہ ء حسنِ خدمت پر ملازمت سے سبکدوش ہوئے تو ادارۂ ادبیاتِ اردو سے وابستہ ہوئے، پھر اُسی کے ہو رہے جہاں ان کی خدمات ناقابل فراموش ہیں اور اُن کا وجود ناگزیر۔

کہنے کو تو میں نے کہہ دیا کہ ابتدائی دور کے واقعات کا اثر مغنی تبسم کی شخصیت پر منفی رہا لیکن اس کا جواز پیش کرنے میں بڑی مشکل سے دوچار ہوں کہ ذرا سی لغزش ہوگئی تو حقیقت سے کوسوں دور ہو جاؤں گا اور مجھ پر سراسر ناسمجھی کا الزام آئے گا۔ میں سمجھتا ہوں کہ مغنی تبسم کی شخصیت کے صرف دو گوشے ایسے ہیں جن تک رسائی قریب سے قریب ترین دوست کے لیے مشکل ہے۔ ایک ان کی کم گوئی اور خاموشی کی تہہ تک پہنچنا، اُس کی پیچیدگیوں کو سمجھنا اور دوسرے اُن کی جمالیاتی حِس اور اس کی گہرائی کا اندازہ لگانا۔ ان کی خاموشی اور کم گوئی نے ان کا اتنا نہیں بگاڑا جتنا اُن کی اس جمالیاتی حِس نے۔ اختر جہاں سے کبھی مغنی صاحب کو کوئی تکلیف نہیں پہنچی بلکہ ان کی اولاد دو لڑکے اور ایک لڑکی نے انھیں بڑی آسودگی عطا کی، لیکن بھلا ہو اس جمالیاتی حِس کا بُرا ہو کہ اس نے کبھی چین نہ لینے دیا۔ عادتاً مغنی چہروں پر نظریں جمانے سے تو رہے لیکن وہ اکثر حسن کی تلاش میں خلاؤں میں گھورتے رہے ہوں گے۔ ساہتیہ اکادمی کے پروگرام 'ادیب سے ملیے' ((Meet the Author کے پرچے (Brochure) پر مغنی تبسم کا جو پورٹریٹ ہے اُسے دیکھ کر یہ احساس ہوتا ہے کہ وہ حسن کی تلاش میں خلاؤں ہی میں گھورتے رہے ہیں۔ صنفِ نازک کے چہرے پر نظریں نہیں گاڑی جاسکتیں لہٰذا اُنھیں خلاؤں ہی میں تلاش کیجیے۔ جب خلاؤں میں گھورنے کی عادت بن گئی تو کئی برس بعد انھیں خلاؤں میں ایک دن ناز صدیقی اپنے شاداب چہرے اور دراز قد کے ساتھ مغنی صاحب کو نظر آئیں۔

پہلے تو ناز نے سوچا کہ فضاؤں میں گھورنے والے سے کیسے رسم و راہ بڑھائی جائے۔ جانے کتنی اپسراؤں کو ان آنکھوں نے گھورا ہو گا اور کتنوں کو گھائل نہ کیا ہو گا۔ پہلے تو وہ ٹھٹکیں اور جب فضاؤں کی دھند کو مغنی صاحب نے چھانٹا تو آہستہ آہستہ وہ آگے بڑھیں۔ ذرا اور قریب ہوئیں تو ان نگاہوں کی ہمیشہ کے لیے اسیر ہو کر رہ گئیں۔ ایک دن موت کے فرشتے نے ناگہاں انھیں اُچک لیا ورنہ خود مغنی صاحب کو پھر سے یا بار بار گھائل ہونے کی نوبت نہ آتی۔

ذرا اس واقعے کی تفصیل بھی سن لیں کہ جب مغنی صاحب نے ناز سے عقد کا ارادہ کر لیا تو آتش نمرود میں کود پڑنے میں دیر نہیں کی۔ آؤ دیکھا نہ تاؤ، دو گواہوں کی موجودگی میں قاضی نے نکاح پڑھوا لیا۔ رقیبوں کو خبر ہوئی تو یونی ورسٹی کے ارباب کو اطلاع دے دی کہ اردو کا ایک پروفیسر اپنی پہلی زوجہ کی موجودگی میں دوسری بیوی لے آیا ہے۔ سنگین سے سنگین واقعے پر بھی مغنی صاحب گھبرانے والے نہیں۔ تھوڑی سی تشویش ضرور ہوئی۔ وہ نہیں چاہتے تھے کہ اختر جہاں یا بچوں کو دُکھ پہنچائیں۔ چار و ناچار طلاق کا سرٹیفکٹ حاصل کرنا پڑا۔ دوبارہ ناز سے انھوں نے بینڈ باجے سے شادی رچائی۔ یونی ورسٹی سے کہا کہ تمھیں اس کی غلط اطلاع ہے۔ دیکھو ایک وقت میں ایک ہی زوجہ رکھتا ہوں۔ گواہی اور ثبوت کی قانونی اہمیت تو ہے۔ ثبوت کی عدم موجودگی میں دشمن کچھ نہ بگاڑ سکے اور اب تو "نہ تو تو رہا نہ میں میں رہا" والی بات ہے۔ شاید ان ہی دنوں کی یاد نے مغنی صاحب سے وہ غزل کہلوائی جس کا مطلع ہے:

ہر سود سے ہر زیاں سے گزرے
کس دل سے غمِ جہاں سے گزرے

اسی غزل کا ایک شعر یہ بھی ہے:

بے فیض تھی سب وفا شعاری
بے کار ہی امتحاں سے گزرے

مغنی صاحب کے جمالیاتی ذوق کی پوری داستان لکھی جائے تو شاید داستانِ امیر حمزہ بن جائے۔ اس لیے اب اس گوشے کو یہیں چھوڑتا ہوں۔ 'تبسم' والی بات ادھوری رہ گئی۔ سچ پوچھیے تو مغنی صاحب کی شخصیت میں 'تبسم' وہ گوشہ ہے جو بارش کے پانی کی طرح صاف و شفاف ہے۔ بعض شخصیتیں اپنے تبسم اور مسکراہٹ کو کام میں لا کر اپنے احباب کو مغالطے میں رکھتی ہیں لیکن مغنی کے تبسم میں ایسی ذرا بھی کوئی پیچید گی نہیں ہے۔ جس طرح انھیں حسین خط و خال کا چہرہ فطرت سے ودیعت ہوا ہے اُسی طرح انھیں یہ تبسم بھی فطرت ہی سے ملا ہے۔ ان کے تبسم کو میں کسی شیر خوار کے تبسم یا اُس کی مسکراہٹ کے مماثل ہی سمجھتا ہوں، فرق صرف اتنا ہو گا کہ مغنی صاحب اپنے تبسم سے آگاہ ہوتے ہیں۔ تبسم ہو کہ مسکراہٹ یا قہقہہ یہ تو اپنے مخاطب کو خوش دیکھنے کے لیے ہوتا ہے۔ مغنی صاحب کو کبھی کسی نے ٹھٹھا مارتے ہوئے نہیں پایا ہو گا۔ عام طور پر اُن کا قہقہہ بھی ہلکا پھلکا ہی ہوتا ہے۔ بعض وقت دوستوں کی محفل میں جب پینے پلانے کی محفل جمی ہو تو کبھی کبھی اس قہقہے کی آواز اونچی ہو سکتی ہے۔ اس میں کسی طرح کا لاگ لپیٹ قطعاً نہیں ہو گا۔ موضوع خوش کرنے والا ہو یا خود مغنی صاحب پر کسی نے پھبتی کسی ہو یا پھر احباب کسی مزاحیہ گفتگو پر قہقہہ لگا رہے ہوں تو تب وہ بھی احباب کے ساتھ قہقہے میں شامل ہو جاتے ہیں کہ انھیں اپنے فردِ ملت ہونے کا احساس دلائیں۔ ابھی یاد آیا پچھلے چند دنوں کی باتیں ہیں۔ میں نے کہا، "جناب آپ بہ یک وقت کتنے اداروں سے وابستہ رہیں گے۔ ایک ہی دن میں کہیں صدارت کر رہے ہیں، کہیں مہمانِ خصوصی ہیں اور اُسی دن کہیں آپ کو تقریر بھی کرنی ہے۔" اتنی چھوٹی سی بات پر وہ خوش ہو جائیں گے اور جواب میں ایک ہلکا

سا قہقہہ سنائی دے گا۔

ایک دن جب کہ مغنی صاحب اپنے آفس میں بیٹھے ہیں۔ دو چار احباب بھی پہلے سے وہاں موجود ہیں۔ ایک صاحب بمبئی سے آئے اور کہنے لگے: "میں جس ملک میں بھی گیا وہاں آپ کا ذکر پہلے آتا رہا۔" مغنی صاحب اس کا بھی جواب ایک ہلکے قہقہے سے دیں گے۔

کسی اور موقعے پر ایک صاحب نے کہا، "مغنی صاحب! آپ کی صدارتی تقریروں کا آج کل بڑا چرچا ہے۔ آپ نے کسی کو نہیں بخشا ہے۔" اس پر مغنی صاحب کے قہقہے کی آواز ذرا بلند ہو گئی۔ لیکن اس سے بھی وہ اسی طرح خوش ہوئے ہوں گے جیسے کسی ننھے بچے کے ہاتھ میں اُس کی کوئی پسند کی چیز پکڑا دی گئی ہو۔

تبسم اور مسکراہٹ کے بر خلاف مغنی تبسم کی کم گوئی اور خاموشی کی تہہ تک پہنچنے یا اس کی پیچیدگی کی گرہوں کو کھولنے کی کوشش میں کامیابی مشکل ہی نہیں بلکہ بسا اوقات نا ممکن بھی ہے۔ جب چپ رہتے ہیں تو وہ کسی پتھر کے بت کی طرح چپ ہوتے ہیں۔ بعض وقت دو تین بار کے دریافت کرنے پر جواب نہ ملا تو مجھے پوچھنا پڑا کہ اس موضوع پر آپ کی رائے کیا ہے۔

"وہ تو کوئی خاص بات نہیں ہے۔" اگر آخر میں آپ کو ایسا جواب ملے تو آپ یا تو یہ سوچ کر خاموش ہو جائیں کہ آپ کا سوال ناموزوں تھا یا پھر آپ کو پہلے سے جان لینا چاہیے تھا کہ اس موضوع پر مغنی صاحب اپنا خیال ظاہر کرنا نہیں چاہتے۔

ایک دفعہ تو ایک افسانہ نگار کے ساتھ عجیب واقعہ پیش آیا۔ اُن دنوں وہ صاحب اے پی اردو اکادمی کے اربابِ اقتدار میں شامل تھے۔ کسی ایسے معاملے میں مغنی صاحب سے مشورہ کرنے کے لیے آئے جو اہم نہیں تھا۔ کارکرد لوگ فرصت کے اوقات میں

بھی خالی نہیں بیٹھتے۔ تھکے ہوئے ہوں تو وہ تھوڑی دیر آرام کرنا پسند کریں گے یا پھر کسی نہ کسی کام میں لگے رہیں گے۔ قریبی دوست کو تو کسی بھی وقت خوش آمدید کہا جاسکتا ہے لیکن گپ ہانکنے کے لیے تو مخصوص احباب ہی کا ساتھ ہو سکتا ہے۔ خود مغنی صاحب بغیر کسی اہم کام کے کسی کے پاس نہیں جاتے۔ جاتے بھی ہیں تو پہلے سے وقت مقرر کر کے جاتے ہیں۔ یہ جو صاحب آئے تو پہلے ان کے لیے چائے بھجوائی، پھر مغنی صاحب بھی چائے نوشی میں مہمان کے ساتھ شامل ہو گئے۔ اِدھر اُدھر کی باتیں ہوئیں پھر انھوں نے جو موضوع چھیڑا اُس سے مغنی صاحب کو کوئی دل چسپی نہ تھی۔ وہ مہمان سے معذرت کرنے سے بھی رہے، مہمانوں نے محسوس کیا کہ وہ انھیں سن نہیں رہے ہیں۔ پلٹ کر دیکھا تو آنکھ لگی ہوئی تھی۔ "ارے آپ تو سو گئے!" مہمان نے کہا اور مزید یہ کہتے ہوئے کہ "میں پھر کبھی آؤں گا" اُٹھ کر چلے گئے۔ آرام کا وقفہ پورا ہوا تو مغنی صاحب اُٹھ کر اپنے کام میں لگ گئے۔

ایسا واقعہ کسی فرد کی حد تک ہی محدود نہیں ہے۔ کسی محفل میں اگر کام کی باتیں نہ ہوں تو مغنی صاحب انجان بنے رہتے ہیں اور اس انتظار میں لگے ہوتے ہیں کہ محفل جلد ہی برخاست ہو۔

چپ ہونے والی بات تو مغنی صاحب کا شخصی معاملہ ہے، آپ اس پر احتجاج نہیں کر سکتے۔ لیکن کبھی کبھی مغنی صاحب دھاندلی پر بھی اُتر آتے ہیں اور ایسی بات جو سچائی اور انصاف کے مغائر ہو، اُس پر بھی جم کر بحث کرتے ہیں۔ ایسے موقعے بہت ہی کم ہوتے ہیں اور کسی بھی موقعے پر اُن کا ذاتی مفاد نہیں ہوتا۔ مثلاً یہ کہ اردو اکادمی کے ایوارڈ کے لیے ناموزوں ججس مقرر کروادیے اور اُس کے خلاف کچھ سننا نہ چاہا۔ بعض دوسرے ایسے اہم واقعات ہیں جن میں خود مغنی صاحب کے ساتھ شدید ناانصافی ہوئی لیکن انھوں نے کبھی

احباب سے اس کا ذکر نہیں کیا اور کیا بھی تو اس انداز سے کہ اس کی کوئی اہمیت نہیں ہے۔ ایک واقعہ تو یہ ہے کہ ساہتیہ اکادمی دلّی کا ایوارڈ انھیں ابھی تک نہیں ملا اور نہ ان کی شاعری اور تنقیدی مضامین دونوں ہی اس پایے کے ہیں کہ دیگر ایوارڈ پانے والوں کی تحریروں کے مقابلے میں ان کا وزن زیادہ ہے۔ خیر یہ تو ایوارڈ والی بات ہوئی، اس میں تو ناانصافیاں اس حد تک ہوتی ہیں کہ کئی اہم لکھنے والوں نے اس کی پروا کی اور نہ ہی اس کے حصول کی خواہش۔ وظیفہء حسنِ خدمت پر علاحدہ ہونے کے بعد مغنی تبسم ہر طرح سے مستحق تھے کہ انھیں پروفیسر ایمریٹس کے لیے نامزد کیا جاتا لیکن بھلا ہو اُن بہی خواہوں کا جنھوں نے یہاں بھی پھڈی ماری اور انھیں اس عہدے سے محروم رکھا۔ فرق تو کچھ نہیں پڑا، بلکہ علم و ادب اور تنظیمی معاملات میں جتنے اہلِ غرض اکیلے مغنی صاحب سے ملتے ہیں اُس کے آدھے بھی ہندستان کے سارے پروفیسروں سے ملتے نہ ہوں گے۔

بعض اور بھی تضادات مغنی صاحب کی شخصیت کا جز ہیں۔ کبھی کسی دوست کی کوئی ادا پسند آگئی تو اُسی پر بھروسہ کرتے رہیں گے۔ اُس کے بارے میں موقع ملنے پر تعریفی کلمات کہیں گے۔ ایک دوست کی تحسین میں انھوں نے یہ بھی کہا: "بس ایسا شخص ابھی تک پیدا نہیں ہوا اور نہ اب ہو گا۔" لیکن جب حالات بدل جاتے ہیں، کسی وجہ سے وہ شخص دل پر سے اُتر جاتا ہے یا مغنی صاحب اُسے احساس دلانا چاہتے ہیں کہ وہ آدمی اتنا اچھا نہیں ہے جتنا کہ وہ سمجھ رہے تھے تو اُس سے بے اعتنائی برتیں گے۔ اُس کی باتوں کا جواب نہ دیں گے۔ میرے ایک ہی بھائی ہیں، مجھ سے بڑے۔ وہ بھی کبھی کبھی ایسا ہی کرتے ہیں۔ اس طرح کسی کو سدھارنے کے لیے تو یہ ہتھکنڈہ اختیار کیا جا سکتا ہے لیکن ہم کیسے اعتماد کریں کہ اس کے پیچھے کوئی ذاتی غرض وابستہ نہیں ہے۔ یہ بڑا ہی نازک مسئلہ ہے۔ اس لیے کہ کبھی کبھی مغنی صاحب اپنی اور دوستوں کی تفریحِ طبع کے لیے بھی ایسا کرتے

ہیں۔ ایک واقعہ ہے کہ مرحوم شاذ تمکنت ناملپلی کی عزیزیہ ہوٹل سے اکثر رات میں گھر لوٹتے ہوئے اپنی بیوی کے لیے فیرنی کا ایک کٹورا لے جایا کرتے تھے۔ ایک دفعہ ہوٹل سے باہر نکلتے ہوئے مغنی صاحب نے ہاتھ سے مار کر شاذ تمکنت کے ہاتھ کا کٹورا یہ کہتے ہوئے الٹ دیا کہ "آہ! ان بیچاروں کے اعصاب پر عورت ہے سوار۔" چند ہی دنوں بعد دوستوں کی نجی محفل میں شاذ کی تعریف کرتے ہوئے کہا کہ "شاذ! ہندستان میں تم سے بڑا اردو کا شاعر اور کوئی نہیں، تم فیض سے بھی بڑے ہو۔" افسانہ نگار مظہر الزماں خاں کی بھی ایک مثال ہے کہ جب ان کا شہرہ تھا تو وزیر آغا نے اپنی ایک کتاب پر ان کا پیش لفظ چھاپا تھا۔ کچھ ہی دنوں بعد مغنی تبسم نے اپنے ایک تہنیتی جلسے میں مظہر الزماں سے ایک مضمون پڑھوایا۔ اب مغنی صاحب کی محفلوں میں مظہر الزماں خاں کا نام خال خال ہی لیا جاتا ہے۔ مغنی صاحب کی اس ادا کے دوست احباب اس قدر عادی ہو گئے ہیں کہ اسے بھی اُن کا ایک وصف سمجھا جانے لگا۔ یہی وجہ ہے کہ فروری ۱۹۹۹ء میں جب ان کا جلسہ ء اعترافِ خدمات منایا گیا تو حیدرآباد کا کوئی ادیب و شاعر ایسا نہ تھا جس نے اس جشن میں حصہ نہ لیا ہو گا۔ شمس الرحمن فاروقی جیسے احباب نے تو الہٰ آباد سے شرکت کی تھی۔ یوسف ناظم بمبئی سے آئے اور جب ۲۰۰۰ء میں "نذرِ مغنی تبسم" شائع ہو کر آئی تو اس میں ۳۴ اہلِ قلم نے مغنی صاحب کی شخصیت اور اُن کے فن کے بارے میں جی کھول کر مدح کی ہے۔ ان اہلِ قلم کے علاوہ اردو کے علم و ادب سے وابستہ کوئی پچاس مشاہیر ایسے ہیں جن کے خطوط اس دستاویز میں شامل ہیں۔ ان میں صرف دو نام ہی مجھے ایسے نظر آئے جو مضامین اور خطوط میں مشترک ہیں۔ مزید کئی ایسے احباب ہوں گے جو مضامین نہ لکھ سکے یا کسی اہم وجہ سے شامل نہ ہو سکے۔ مغنی صاحب کے ساتھ کام کیے ہوئے احباب کی اور کوئی پچاس سالہ تدریسی دور میں اُن کے شاگردوں کی ایک طویل فہرست بنتی ہے جو

اُن کے چاہنے والوں کی ہوگی۔ اس قدر کثیر تعداد میں چاہنے والے موجود ہوں تو خیال کیجیے کسی شخص کی زندگی کتنی سہل اور خوشگوار نہ ہوگی۔ یہ فلمی اداکاروں کے فینس جیسا معاملہ بھی نہیں ہے کہ چند برسوں بعد ایک کی جگہ کسی دوسرے ہیرو نے لے لی۔ مغنی صاحب کی زندگی میں خلا تو پیدا ہوتے رہے ہیں لیکن انھوں نے انھیں ناخوشگوار ہونے نہیں دیا۔ ہاں وہ سہل کبھی نہ رہے لیکن ایسے کٹھن بھی نہیں کہ انھوں نے ان کا بہار محسوس کیا ہو۔ جو شخص صبح وشام علم وادب کا رسیا ہو اور جسے اپنے کام سے گونہ لگاؤ ہو اُس کی زندگی سہل نہ بھی ہو تو کٹھن بھی نہیں ہوسکتی۔

اب میں چند دوسری باتیں کرتا ہوں۔ کسی بھی ادبی جلسے میں مغنی صاحب کو تقریر کرنی ہو تو اپنی تقریر میں موضوع سے متعلق کوئی بھی ایسا پہلو نکال لیں گے جو سامعین کو چونکا دینے والا ہو۔ یہ کام وہ سوچ سمجھ کر ہی کرتے ہیں۔ لیکن یہ بتائیں کہ کتنے مقررین ایسے ہیں جو سوچ کر ہی سہی کوئی نیا پہلو نکال سکتے ہیں۔ یہ کام وہی شخص کرسکتا ہے جو موضوع کا پوری طرح احاطہ کرسکتا ہو اور جس کا مطالعہ وسیع تر ہو۔ محفل کے اختتام پر کوئی یہ کہہ دے کہ "مغنی صاحب آپ نے تو کمال کر دیا۔ ایک ایسی بات چھیڑ دی جس پر کسی کی نظر نہیں گئی تھی۔" یہ سن کر وہ مسکرائیں گے یا ایک چھوٹا سا قہقہہ لگائیں گے، جس سے مخاطب کو پتا چل جاتا ہے کہ وہ اس تعریف سے خوش ہوگئے ہیں۔ خوش کیوں نہ ہوں انھوں نے اپنے لیے اس کا موقع فراہم کرلیا تھا لیکن یاد رہے وہ کبھی اپنی شیخی نہیں بگھارتے بلکہ اُس میں پیام ہوگا کہ اگر محنت سے مطالعہ کریں تو آپ بھی یہ صفت حاصل کرسکتے ہیں۔

بعض وقت نجی محفلوں میں نئے نئے موضوعات کا ذکر چھڑ جاتا ہے۔ اردو جریدوں کے علاوہ نیشنل پریس میں چھپے ہوئے تبصروں کا بیان ہوتا ہے۔ اردو کی کتابیں تو مغنی

صاحب کے پاس پہلے سے آگئی ہوتی ہیں۔ حیرت و استعجاب میں حاضرینِ محفل اُس وقت پڑ جاتے ہیں جب مغنی صاحب چپکے سے اٹھ کر اپنے کمرے میں جاتے ہیں اور اُس نئی کتاب کو حاضر کر دیتے ہیں جس کا ابھی ابھی ذکر ہوا تھا۔ ایسے وقت اُن کے چہرے پر مسکراہٹ سے زیادہ مسرت کی لہر دوڑتی دکھائی دیتی ہے۔ اُن کے پاس صرف اس قدر نہیں کہ کتاب موجود ہے بلکہ وہ اُسے پڑھ چکے ہوتے ہیں اور کتاب کے موضوع پر کسی بھی بحث میں حصہ لے سکتے ہیں۔ ایسا بہت ہی کم ہوا کہ کسی نے نئی کتاب کا ذکر چھیڑ دیا اور مغنی صاحب خاموش رہے ہوں۔ اُن کے اس وسیع مطالعے کے سبب وہ ہر نئے ادبی رجحانات کو بھی شامل کر لیں تو مغنی صاحب کے ساتھ انصاف ہو گا ورنہ یہ گوشہ ادھورا رہ جائے گا۔

مغنی تبسم کا ذکر کارل مارکس کی فکر سے وابستہ کیے بغیر نامکمل ہو گا۔ پندرہ سال کی عمر تک تو تمام ہی بچے اپنے مذہب سے ذہنی طور پر شدت سے جڑے ہوتے ہیں۔ مغنی تبسم کی جون ۱۹۳۰ء میں پیدائش ہوئی اور صرف پندرہ سال کی عمر میں وہ ایک شعری مجموعے کے خالق ہوئے 'نوائے تلخ'۔ عنوان ہی اس بات کی چغلی کھاتا ہے کہ اس کلام میں مذہبی حسیّت ہو گی۔ اقبالؔ کے آہنگ میں شعر کہنے کو شاید انھوں نے نجات کا وسیلہ سمجھا تھا۔ بڑھتی ہوئی عمر کے ساتھ زندگی کی تلخیوں کا سامنا کرنا پڑا تو پھر انسان کی بے بسی، اُس کی کم مائیگی اور پس ماندگی کے مسائل نے پیچھے سے آواز دوست دی۔ ترقی پسند تحریک تو ان دنوں اپنے عروج کو پہنچ چکی تھی۔ مغنی تبسم کمیونسٹ پارٹی کے کارڈ ہولڈر بن گئے۔ چوری چھپے سے کیڈر والوں تک پیامات پہنچانے اور اُن کی ضرورتوں کو پورا کرنے کا بیڑا بھی اٹھایا۔ خاندان کا پس منظر تو ماشاء اللہ سے خوش حال گھرانے کا تھا۔ دادا شہر کے متمول میوہ فروش اور نظام کے سپلائر تھے۔ پولیس ایکشن اور والد کے انتقال کے

بعد گھر کے حالات ویسے نہ رہے۔ لیکن معاشی پست حالی سے زیادہ ذہنی لگاؤ نے اپنا جادو جگایا۔ آج بھی جب کہ مغنی تبسم خوش حال اور تمول کی زندگی کے حامل ہیں ان کے دل و دماغ غریب اور مفلوک الحال عوام کی بہتری کے بارے میں سوچتے ہیں۔ شاید انھیں کمیونسٹ تحریک اور اس کے مینی فیسٹو سے ایسی وابستگی نہیں ہے جیسی کہ پس ماندہ، ناخواندہ اور ہیومنسٹ تحریک سے ہے۔ اسی لیے اُن کا ذہن جدید ترین رجحانات کا حامل ہوتے ہوئے بھی آج بھی ترقی پسند تحریک سے ناطہ قائم کیے ہوئے ہے۔ کسی وقت انھوں نے کہا تھا کہ ہم سب لوگ، دنیا کے سارے لوگ کسی ایک آدمی کے لیے کام کر رہے ہیں اور وہ آدمی غاصب ہے۔ ذرا غور کیجیے تو سرمایے کی تقسیم اور اُس کے استعمال میں ہم سب اس قدر بٹے ہوئے ہیں کہ ہمارے سارے مذہبی عقائد اور سماجی نظریات سب نے مل کر دولت کی اس غیر مساوی تقسیم کا کچھ نہیں بگاڑا۔ کتنے ہی سوشیل ریفارمس آتے رہے اور آتے رہیں گے لیکن ہمارے معاشی نظام میں کچھ فرق نہیں آئے گا۔ ایک اچھائی دوسری برائی کو جنم دے گی ایسے ہی جیسے نیکیاں اگر بے حساب ہیں تو بدیوں کا بھی کوئی انت نہیں ہے۔ ہم سب کے بس میں ایک معمولی سا حل ہے اور اُسے مغنی صاحب مقدور بھر برتنے کی کوشش کرتے ہیں۔ ہر سال رمضان کے موقعے پر کچھ اپنی پونجی اور کچھ اپنے رشتہ داروں سے حاصل کی ہوئی رقم کو نادار طالب علموں میں تقسیم کرتے ہیں۔ چند بیواؤں کے وظیفے بھی مقرر ہیں۔ پیسے کو انھوں نے کبھی عزیز نہیں رکھا۔ دوستوں پر اور مہمانوں پر بے دریغ خرچ کر دیتے ہیں۔ بعض طالبات تو ان کی مستقل مہمان ہیں۔ مغنی صاحب کو اس کی پروا نہیں کہ لوگ باتوں کا کس طرح بتنگڑ بناتے ہیں۔ یہی نہیں، انھوں نے اپنے پاس کام کرنے والے ایک بھلے آدمی کی بیماری پر ہزاروں روپیہ خرچ کیے اور اُسے دوا خانے سے صحت مند بنا کر گھر لے آئے۔ ایک دوسرے منفرد واقعے کے ہم بہت سے

دوست گواہ ہیں کہ اپنے ایک شاگرد کے کہنے پر انھوں نے زمین کا ایک پلاٹ اقساط پر خریدا تھا۔ اپنے مرحوم دوست کے ایک بیٹے کو مالیہ کی ضرورت ہوئی تو انھوں نے اس پلاٹ کے کاغذات ان کے حوالے کر دیے۔ اس پلاٹ کی مالیت ان دنوں آٹھ دس لاکھ سے کم نہ ہو گی۔ ادیبوں کے پاس یہ کارنامے عظیم ہوں کہ نہ ہوں، ایسے کام وہی کرتے ہیں جنھوں نے دنیا کے کاروبار سے ہاتھ اٹھالیا ہو اور صوفی مسلک اختیار کر لیا ہو۔ مغنی صاحب اگر پیسہ حاصل کرتے ہیں تو اس لیے کرتے ہیں کہ اُس کا صحیح استعمال ہو۔ اگر اُس کی مساویانہ تقسیم نہ ہوسکے تو کم از کم چند مستحق لوگ تو استفادہ کر سکیں۔ مجھے نہیں معلوم کہ مغنی صاحب نے کبھی کسی سے قرض لیا ہو۔ دوسروں کو قرض دیتے ہوئے دیکھا ہے اور جب قرض واپس نہیں ہوا تو کچھ عرصہ انتظار کرنے کے بعد انھوں نے قرض معاف بھی کر دیا۔

دوستوں کی تکالیف میں شریک ہوتے ہوئے اور ان کا مداوا کرتے ہوئے تو میں نے مغنی صاحب کو اکثر دیکھا ہے لیکن اپنی تکالیف جہاں تک ہوسکے وہ خود جھیلتے ہیں۔ بیماری کا علاج بھی خود ہی کر لیتے ہیں۔ ایلوپیتھک سے زیادہ چٹکلوں اور ہومیوپیتھک کے ذریعے علاج کو ترجیح دیتے ہیں اور دوستوں کو نسخوں کے نام اور پتے بتا دیتے ہیں۔ دو تین سال پرانی بات ہے، کسی تقریب سے واپس ہو کر میں نے انھیں اُن کے گھر کی دہلیز پو چھوڑا اور اپنے گھر واپس ہوا۔ تیسرے دن پتا چلا کہ اپنے گھر کے اندر داخل ہونے سے قبل ہی وہ پھسل کر گر پڑے۔ کسی کو فون نہیں کیا۔ جوں توں کر کے آٹو رکشہ لی اور ایک دن دوا خانے میں رہ کر گھر لوٹے۔ ابھی چھ آٹھ ماہ قبل کی بات ہے کہ رات میں سونے کے لیے پلنگ پر لیٹے، پلنگ کے تیز کونے کی سر پر چوٹ پڑی تو سر سے خون کا فوارہ نکل پڑا۔ وہی جانتے ہیں کہ رات کیسے گزری۔ صبح صبح جعفر جری آفس کے کام آئے۔ لائبریری سے

استفادہ کرنے والی طالبات شاہدہ بیگم، صبیحہ اور شاہین بھی اسی وقت آ گئی تھیں۔ مغنی صاحب کو دیکھ کر ان لوگوں پر ہیبت طاری ہوئی۔ فوراً دواخانہ نمس لے گئے اور طبی امداد کے بعد واپس لے آئے۔ اس کے دو چار دن بعد ہی دوستوں کو علم ہوا کہ مغنی صاحب کو کتنی گہری چوٹ لگی تھی۔ بہ ظاہر یہ چھوٹی چھوٹی باتیں معلوم ہوتی ہیں، ان کا ذکر کسی کی شخصیت کو پرکھنے کی کسوٹی تو نہیں ہے لیکن ہم کسی کو اعلا ظرف کہتے ہیں تو وہ کون سے عوامل ہیں کو اعلا ظرفی کی بنیاد بنتے ہیں۔ توکل، صبر و تحمل، ایثار و قربانی، عیب جوئی سے گریز، رشک وحسد سے اجتناب، حرص و طمع سے دوری، غم وغصے پر قابو، جود وسخا، مروت و ہمدردی اور ایسی ہی اہم خوبیوں سے کوئی شخص متصف ہو سکتا ہے۔ یہ سب ہوں لیکن بعض چھوٹے چھوٹے حادثات پر آدمی بوکھلا جائے اور بے ضرورت اوروں کی مدد کا طلب گار ہو تو پھر اس کی اعلا ظرفی کی سطح متاثر ہوئے بغیر نہیں رہتی۔ پٹنہ کے سکندر احمد تو مغنی صاحب کے پرانے دوست نہیں ہیں لیکن میرے نزدیک وہ قیافہ شناس ضرور ہیں۔ مجھ سے دوسری بار ملے تو مغنی صاحب کے بارے میں انھوں نے اس خیال کا اظہار کیا کہ مغنی صاحب ایسے شخص ہیں جو اعلا ظرفی کی سب سے بلند سطح کو چھوتے ہیں اور پھر انھوں نے اپنا جملہ مکمل کیا "مغنی۔۔۔ چیزے دیگر است۔" میں نے اُن کے اس خیال سے پوری طرح اتفاق کیا۔ کسی کو اس بیان سے اختلاف ہو تو وہ "نذر مغنی تبسم" سے ان مشاہیر کے چند خطوط پڑھ لے جو اس میں شامل ہیں۔ اُن کے بیانات کو دہرا کر میں اپنی بات کو کمزور کرنا نہیں چاہتا لیکن چند نام یہاں درج کرنا ضروری سمجھتا ہوں کہ آج اردو دنیا میں یہ نام نہایت ہی اہم اور افضل ہیں: مسعود حسین خاں، ن۔م۔راشد، جمیل جالبی، آل احمد سرور، شمس الرحمن فاروقی، وزیر آغا، مشفق خواجہ، محمود ایاز، بانی، سید ہاشم علی، نیر مسعود، مبارز الدین رفعت، خواجہ حمید الدین شاہد (بعض ایسے نام میں نے یہاں اس

لیے شامل نہیں کیے کہ وہ حضرات مغنی صاحب کے قریبی دوست ہیں۔ شمس الرحمن فاروقی اور محمود ایاز بھی بہت ہی قریبی دوستوں میں شمار ہوتے ہیں لیکن ان کے کارناموں میں 'شب خون' اور 'سوغات' جیسے رسالے ہیں)۔ شہریار کی حیثیت تو یارِ غار کی ہے۔ وہ مغنی صاحب کی حمایت میں کسی کی جان بھی لے سکتے ہیں یا اپنی جان دے بھی سکتے ہیں۔

مغنی تبسم کی اعلاظرفی اور اُس کے اونچی سطح ہونے کی میں نے حامی بھرلی باوجود یہ کہ میں اُن کی بعض بوہیمین حرکتوں سے بھی بہ خوبی واقف ہوں۔

۱۹۷۵ء نئے سال کی آمد پر عمر خیام (لکڑی کا پل) ہوٹل میں جشن منایا جارہا ہے۔ رات کے تیسرے پہر ہر شخص پر مدہوشی طاری ہے۔ ہوٹل کے مالک نے ڈرنک کی مفت سربراہی کا آرڈر دیا ہے۔ لوگوں کے ہاتھوں میں جام بھرے ہیں۔ کبھی کبھی کوئی چسکی لے رہا ہے۔ کہیں کہیں سرگوشیاں ہو رہی ہیں۔ میں مغنی صاحب کے دائیں بیٹھا ہوں، بائیں طرف گدرے گدرے سانولے رنگ کی ایک شخصیت جو شاید چالیس کے پیٹھے میں تھی، بیٹھی ہے۔ پلک جھپکتے میں نے دیکھا کہ اُس اجنبی اور مغنی صاحب کے ہونٹ ایک دوسرے سے ملے ہیں۔ عاشق و معشوق کی کوئی تفریق نہیں۔ من و تو کا فرق مٹ چکا ہے۔ صبح کے چار بج گئے اور ہال خالی ہونے لگا تو میں نے سوچا مغنی صاحب کو کس طرح نکالا جائے۔ کوئی صورت نہ بنی تو میں نے اپنے لبوں کا لالچ دیا اور مغنی صاحب کو وہاں سے نکال لایا۔ اُس شام معلوم ہوا کہ سویرے سویرے مغنی صاحب کے فون کی گھنٹی بجی تو انھوں نے ٹیلی فون کے وائر یہ کہتے ہوئے توڑ ڈالے کہ "میرا رشتہ اب ساری دنیا سے ٹوٹ گیا ہے۔" اس دن کے بعد مغنی تبسم کا رشتہ دنیا سے گہرا ہو گیا۔ ہمارے شاعر دوست مظہر مہدی نے یہ واقعہ پڑھا تو کہنے لگے مغنی صاحب کو اپنی قلب ماہیت بدلتے دیر نہیں لگتی۔ کافکا کے کردار کو قلب ماہیت کے لیے ایک رات کا وقفہ درکار تھا۔ لیکن ادھر آپ نے

پلک جھپکی اور مغنی صاحب کچھ کے کچھ ہو گئے۔

کوئی بارہ سال پرانی بات ہے، چند احباب سکینہ وسیم عباس کے گھر پر مدعو ہیں۔ مغنی صاحب کسی نے الزام لگایا کہ انھوں نے غیر شاعروں کی سرپرستی کرتے ہوئے ادب کے کاز کو نقصان پہنچایا ہے۔ مغنی صاحب نے اپنے چپلوں کی جوڑی طلب کی اور یہ کہتے ہوئے گالوں کو پیٹنے لگے کہ "توبہ، آئندہ پھر کبھی نہ کروں گا۔" ادھر ان چند برسوں کا تجربہ یہ ہے کہ نہ صرف وہ غیر شاعروں کی تائید کرتے رہے بلکہ چند اچھے شاعروں کو گھاس نہ ڈالی۔

چند پرانے واقعات خود مغنی صاحب کی زبانی سننے میں آئے۔ ایک واقعہ یہ ہے کہ دوستوں کی ایک محفل میں انھیں کسی نقاد نے چھیڑا۔ بات غیر معقول تھی۔ مغنی صاحب نے اُن صاحب کا ایسا پیچھا لیا اور دوسرے تمام دوستوں نے ان کا اس طرح ساتھ دیا کہ وہ صاحب پھر کبھی ان دوستوں کی محفلوں میں شریک نہ ہو سکے۔ بعد میں معافی بھی چاہ لی۔ مزید پرانا ایک واقعہ حیدرآباد ہی کا ہے کہ ایک شاعر صاحب نے کسی بار ((Bar سے مغنی صاحب کو اپنا نام بدل کر فون کیا اور دھمکی دی کہ مغنی صاحب کے گھر پر پولیس کا دھاوا ہونے والا ہے۔ دوسرے دن مغنی صاحب اُس بار پر پہنچے اور جیسے ہی وہ شاعر بار میں داخل ہوئے اپنا جوتا نکال کر کاؤنٹر پر رکھا اور کہا، "تم میرے ذرا قریب آؤ تو تمھارا سر اور یہ جوتا ہو گا۔" وہ شاعر اپنے پاؤں سر پر رکھ کر بھاگا۔

مغنی صاحب کی زندگی میں شاید ایسے بیسیوں واقعات ہیں۔ ان واقعات کو ان کی بوہیمیانہ حرکتوں سے تعبیر کیا جا سکتا ہے۔ میں سوچتا ہوں، کیا کسی شخص کی اعلاظرفی اُس کی بوہیمیانہ حرکتوں سے متاثر ہو سکتی ہے؟ اگر ہم بوہیمین تحریک کا جائزہ لیں تو یہ منکشف ہو گا کہ جب لوگوں نے اپنا شہر چھوڑ کر جزیرہ بوہیمیہ کو اپنا مسکن بنایا تھا، وہ لوگ

تھے جنھوں نے سماج کی فرسودہ روایتوں کے خلاف بغاوت کی تھی۔ مغنی تبسم جس شخص کا نام ہے وہ اپنی روایتوں کا پابند ضرور ہے لیکن وہ یہ بھی ثابت کرنا چاہتا ہے کہ وہ ایک خالص ریڈیکل انسان ہے۔ وہ ہر نئے رجحان کو اپنائیں گے جو انسان کو آسودگی فراہم کر سکتا ہو۔

اسلم پرویز صاحب نے جب مجھ سے خواہش کی کہ میں مغنی صاحب پر کچھ لکھوں تو میں نے کہا، "نذر مغنی تبسم" میں میرا مضمون چھپ چکا ہے۔ کہنے لگے وہ اپنے رسالے میں زندہ ادیبوں اور شاعروں پر اُن کے دوستوں کے مضامین چھاپ رہے ہیں۔ اگر میرے پاس نیا مضمون لکھنے کے لیے وقت نہیں ہے تو اُسی کو اپ ٹو ڈیٹ کر دوں۔ مغنی صاحب کو اپ ٹو ڈیٹ کرنا کس کے بس میں ہے۔ آپ کے سوچتے سوچتے تک وہ میلوں دور نکل جاتے ہیں۔ مغنی صاحب وقت ہیں اور وقت کو کسی نے اپ ٹو ڈیٹ کیا ہے؟ ادھر ماہ اپریل میں شمس الرحمن فاروقی صاحب حیدرآباد آئے ہوئے تھے۔ اگر آپ ان کے خطوط مغنی صاحب کے نام پڑھ سکیں تو اندازہ ہو گا کہ دونوں ایک دوسرے کے کتنے مداح ہیں۔ صرف شخصیت نہیں علم وادب کے سبب۔ کیا بات ہوئی کہ مغنی صاحب چند برسوں سے فاروقی صاحب سے کھنچے کھنچے رہنے لگے۔ پہلے تو میں نے کوشش کی کہ سبب معلوم کروں، مجھے تو کوئی وجہ نظر نہیں آئی۔ حیدرآباد کے لیے نکلنے سے قبل میں نے فاروقی صاحب سے کہا کہ "حیدرآباد میں آپ کو کسی شام اردو افسانے کی موجودہ صورتِ حال پر بولنا ہے، مغنی صاحب صدارت کریں گے۔ آپ کو اعتراض تو نہیں۔" جواب دیا، "ارے وہ تو ہمارے تمھارے سب کے دوست ہیں۔" ادبی محفل کے اختتام پر چند احباب ڈنر پر بیٹھے تو کرسی سنبھالنے سے قبل مغنی صاحب نے فاروقی صاحب سے کہا، "میں آپ سے معذرت خواہ ہوں۔ اب آپ پچھلی ساری باتوں کو معاف کر

دیجیے۔ فاروقی صاحب نے جواب دیا "ارے یار معاف کرنے والی کیا بات ہوئی، لیکن تم اپنی شیطنت کب چھوڑو گے۔" پھر دونوں ہنسنے لگے۔ میرا خیال وقت، اہر من ویزداں کی طرف گیا۔ کسی سکے کے تو دو رُخ ہو سکتے ہیں، یہ تینوں ابعاد کا سنگم کیسے؟ میں اپنی سوچ میں حد سے زیادہ تجاوز کر گیا۔ معاملہ اسی سے تو بگڑتا ہے۔ آدمی کچھ نہ سوچے تو کم بگڑتا ہے لیکن حد سے تجاوز کر جائیے تو زیادہ ہی بگڑتا ہے۔ اپنا بھی اور دوسروں کا بھی۔

مجھے تو مغنی صاحب کے بارے میں لکھنا چاہیے تھا کہ کس طرح انھوں نے علم و ادب کے میدان میں پل پل میرا ساتھ دیا۔ میرے افسانوں کے پہلے مجموعے کو چھپوانے اور اُسے متعارف کروانے کا اہتمام بھی کیا۔ مجھے علی گڑھ، دلی، بنگلور اور میسور کے سفر میں اپنے ساتھ رکھا۔ ساقی فاروقی، شہریار، جمیل جالبی، محمود ایاز اور کن کن نئے احباب سے نہیں ملوایا۔ کتنے ادبی معرکوں میں میری رہنمائی نہیں کی۔ دوسری زبانوں کے بعض کلاسکس کا مجھ سے ترجمہ کروایا۔ ساہتیہ اکادمی کی جنرل کونسل کے ممبر بنانے کی تحریک کی اور اس طرح لکھنا چاہوں تو یہ فہرست ختم تو ہو گی لیکن اتنی طویل کہ پڑھنے والے اُکتا جائیں گے۔ البتہ ایک دوسری فہرست ہو سکتی ہے، مغنی صاحب کی نجی زندگی کے واقعات کے ساتھ ساتھ ان کے ادبی کارناموں کی۔ یہ فہرست کبھی ختم نہ ہو گی۔ وقت کے ساتھ یہ فہرست طویل ہوتی رہے گی!

(۲) پروفیسر آئزک سیکوئرا۔۔ ایک بے بدل شخصیت

پروفیسر آئزک سیکوئیرا کے بارے میں اگر میں "ایک بے مثال انسان" کا عنوان لگاتا تو تب بھی یہ عنوان موزوں ہوتا۔ پھر خیال ہوا کہ کسی بھی شخص کے ہاتھ کی ریکھائیں دوسرے شخص کی ریکھاؤں سے نہیں ملتیں۔ اسی طرح لوگوں کی آوازیں بھی ایسی مختلف ہوتی ہیں کہ ایک کی آواز دوسرے کی آواز سے نہیں ملتی۔ ہمارے اخلاق، عادات واطوار اور رویے ّ بھی الگ الگ ہیں۔ صورتیں تو ہماری شناخت اور پہچان ہیں۔ ایک دوسرے سے پوری طرح مشابہ نہیں ہوتیں۔ اس طرح کوئی بھی شخص کسی دوسرے شخص کی مثال نہیں بن سکتا۔ تاہم آواز، ہاتھ کی ریکھاؤں یا چہرے سے نہیں بلکہ کسی کی خوبیوں کی بنیاد پر ہم اسے بے مثال کہتے ہیں۔ لیکن میں سوچتا رہا کہ ایک جیسی خوبیاں تو پھر بھی بہت سے احباب میں مل جاتی ہیں۔ ہم اپنی کوتاہیوں کی وجہ انھیں تلاش کرنے سے قاصر رہتے ہیں۔ یہ سچ ہے کہ پروفیسر آئزک سیکوئیرا میں بے شمار خوبیاں ایسی تھیں جو تلاش کرنے پر بھی دوسروں میں آسانی سے نہیں ملتیں۔ لیکن ان کے علاوہ ان میں ایک ایسا وصف تھا جو ڈھونڈنے پر بھی نہ ملے اور جس بات سے سارے احباب متفق ہوسکتے ہیں۔ وہ وصف ہے ان کا کوئی نعم البدل نہ ہوتا۔ کسی اچھے دوست کے عارضی طور پر یا ہمیشہ کے لیے بچھڑ جانے پر ہم کسی اور شخص کو اپنا دوست تو بنا سکتے ہیں۔ اس میں بہت سی خوبیاں پاسکتے ہیں لیکن وہ آئزک سیکوئیرا کا نعم البدل نہیں ہوسکتا۔ پروفیسر سیکوئیرا کے ساتھ شاید آپ ایک ہی شہر میں برسوں نہ رہے ہوں۔ ایک ہی مکان میں یا ان کے پڑوس میں کچھ عرصہ نہ گزارے ہوں۔ ایک ساتھ کوئی لمبا سفر نہ کیا ہو۔ ان کے ساتھ اٹھتے بیٹھتے نہ رہے ہوں

تب بھی دو چار ملاقاتوں کے بعد یہ تاثر آپ کے دل و دماغ پر چھا جائے گا کہ وہ ایک پاک صاف، شفاف، بے ریا اور بے طلب انسان ہیں جن سے آپ کی ملاقات ہوئی تھی۔ اور اگر آپ خوش نصیب ہوئے اور ان کی صحبتیں آپ کو نصیب ہوئیں تو پھر آپ انھیں دوبارہ پانے کی جستجو کریں گے اور وہ اگر نہ مل سکے تو یہ مصرعہ آپ کی زبان پر ہو گا۔۔۔" ایسا کہاں سے لاؤں کہ تم سا کہیں جسے"۔

بیسویں صدی کے چھٹے دہے میں جب گرمیوں کا موسم ہوتا تو عابد روڈ پر پانی کا چھڑکاؤ ہوا کرتا۔ کبھی کبھی ٹانگے اور بگھیاں چلتیں تو سڑکوں کی صفائی ہوتی۔ راتوں میں تو اکثر سناٹا ہی ہوتا دن کے وقت بھی اتنے کم راہ رو ہوتے کہ کسی بھی گزرنے والے کی شناخت ہو جاتی۔ روز روز تو نہیں لیکن اکثر میں نے اسی سڑک پر دیکھا کہ ایک بھاری بھرکم جسم اپنی اسکوٹر پر ایسے جا رہا ہے جیسے کسی سرکس میں ایک گوریلا کو دو پہیوں والی گاڑی پر بٹھا کر چھوڑ دیا گیا ہو۔ بہت بعد میں پتہ چلا کہ یہ گوریلا کوئی اور نہیں آئزک سیکوئیرا ہے جس کی نظر کبھی بھی دائیں بائیں نہیں پڑتی اور وہ سیدھے اپنے راستے پر روانہ ہے۔ یہی وہ گوریلا تھا جو اگلی نصف صدی تک شہر کی ادبی اور تہذیبی محفلوں کی شان رہا ہے۔ ان دنوں وہ عابد کی تاج محل ہوٹل کی بغل کے مکان میں رہتے تھے۔ لٹل فلاور اسکول میں استاد کی حیثیت سے پڑھایا کرتے۔ پھر اس کے بعد ایک طویل مدت تک وہ نظر نہ آئے۔ اس عرصے میں انھوں نے مزید تعلیم کی اعلیٰ ڈگریاں حاصل کیں۔ فل برائٹ اسکالرشپ پر امریکہ گئے۔ وہاں کی جامعات میں پڑھایا اور پھر کوئی تین دہوں تک جامعہ عثمانیہ سے بہ حیثیت لکچرار، ریڈر اور پروفیسر وابستہ رہے۔ صدر شعبہ ء اردو ڈین فیکلٹی آف آرٹس ان کی معمولی خدمات تھیں۔ بہت کم لوگ جانتے ہیں کہ انھوں نے ایک یونیورسٹی کی وائس چانسلری کا آفر قبول نہیں کیا۔ البتہ ریٹائرمنٹ کے بعد آخری

عمر تک ASRC امریکن اسٹڈیز وریسرچ سنٹر سے وابستہ ہو کر اسے بکھرنے سے بچالیا تھا۔

پروفیسر سیکوئیرا سے میری ملاقاتیں "نذرِ عالم خوند میری" کے سیمنار کے بعد (۱۹۸۰ء) بڑھتی رہیں اور میں نے محسوس کیا کہ ان کی دوستی نے میرے اعزاز میں اضافہ کر دیا ہے۔ ان کی قربت میرے لیے اعزاز کا وسیلہ تھا اور علم وادب کے اکتساب کا ذریعہ بھی۔ عالم تو وہ تھے ہی موسیقی بھی ان کی گھٹی میں پڑی تھی۔ مغربی دنیا کا کوئی ماہر موسیقار ایسا نہ ہو گا جس کے فن اور شخصیت پر سیکوئرا صاحب نے سیر حاصل لکچر نہ دیا ہو۔ اس کے علاوہ یورپ امریکہ اور ہندستان کا کوئی ڈراما نگار ایسا نہ ہو گا جس کے کارناموں سے وہ واقف نہ رہے ہوں۔ کئی برسوں تک وہ (DCH) ڈراماٹک سرکل آف حیدرآباد کے بانی صدر رہے۔ چند ڈراموں میں خود بھی کام کیا۔ بیشتر ڈراموں کی ہدایت کاری دی۔ میں نے ان کے کئی ڈرامے دیکھے، ڈراموں پر ان کی لائبریری سے کتابیں حاصل کیں۔ بعض ڈراموں کے ترجموں میں ان سے مدد بھی لی۔

ان کی شخصیت کے کس کس پہلو کا ذکر کروں۔ چند باتوں کو مختصراً سمیٹنے کی کوشش کرتا ہوں۔ وہ روایت کے پاس دار تھے لیکن بہت ماڈرن بھی تھے۔ عیسائی کیتھولک حسّیت سے ان کا دل معمور تھا لیکن ساتھ ہی بڑے لبرل اور سیکولر ذہن کے مالک تھے۔ مارکس کے مداح اور وجودی فلسفہ کے دل دادہ۔ کئی بار انھوں نے ژاں پال سارتر اور کامیو کا حوالہ دیا اور کہا کہ کیا لوگ تھے جنھوں نے مذہب کے مقابلے میں انسانیت کو ہمیشہ زندگی کا نصب العین قرار دیا۔ سونامی کے واقعے کے بعد انھوں نے یہ بھی کہا کہ لوگ اس بات پر سوال اٹھاتے ہیں کہ ستّر ماؤں کی محبت رکھنے والے نے کس طرح ہزاروں اور لاکھوں کو چشمِ زدن میں یوں غائب کر دیا جیسے ان کا وجود ہی نہ تھا۔ ہم سوچنے پر مجبور ہیں کہ یہی

ذاتِ خداوندی کی مصلحت تھی۔ منکسر المزاج ایسے کہ گذشتہ پچیس برس کی ملاقاتوں میں کبھی میں نے انھیں اپنی بڑائی کرتے نہ سنا۔ بہت ہوا تو یہ کہہ کر خاموش ہو گئے کہ " اس موضوع پر میں نے بولنگ گرین یونیورسٹی میں لکچر دیا تھا۔" یا یہ کہ " میری پہلی ملاقات گوا میں وی ایس نہپال سے ہوئی تھی۔" وغیرہ۔ پہلی بار تو وہ اچھی طرح سے ملے لیکن کئی برسوں بعد دوبارہ گوواہی میں ملاقات ہوئی تو میں ان کے رویے سے مایوس ہوا۔ میں بھی چپ رہا لیکن حیدر آباد میں ان کی کتاب کی رسمِ اجرا میں نے انجام دی۔ میرا خیال ہے کہ انھوں نے کبھی کسی کو اپنے احسان کرنے کا موقع نہیں دیا۔ خود تو بڑے سخی تھے۔ مشنری کے اداروں کو باقاعدہ امداد دیا کرتے اور کسی بھی موقع پر جہاں پیسہ خرچ کرنا ہوتا آگے بڑھتے۔ اپنے دوستوں اور عزیزوں میں Generous person کی شہرت پائی تھی۔ کسی دوست، عزیز یا ملازم کی کسی خواہش کو انھوں نے صرف اسی وقت رد کیا جب ان کا کوئی اصول متاثر ہوا ہو۔ لبرل اور فراخ دل ہوتے ہوئے وہ جانتے تھے کہ کب "نا" کہنا ضروری ہے۔ کبھی انھوں نے کسی معاملے میں مداخلت نہیں کی۔ ان کے ملنے والوں میں ہر زبان اور ہر کلچر کے احباب شامل تھے اور وہ ہر شخص سے ایسے ملتے اسے کسی طرح کا مغالطہ نہ ہو کہ سیکویرا صاحب کسی اور شخص کو اس پر ترجیح دے رہے ہیں۔ قربتیں رکھتے ہوئے بھی دوستی کا یہ انداز مشکل ہی سے نبھایا جاسکتا ہے۔ ہر مہینہ دو چار بار ان کی نجی محفلیں نظام کلب میں منعقد ہوتی تھیں اس میں سید سراج الدین صاحب، تقی علی مرزا صاحب، انور معظم صاحب، فصیح الدین صاحب، ضرور شریک رہتے۔ چوں کہ بچپن ہی سے سیکویرا صاحب کو اردو والوں کا ماحول اور اردو والوں کی صحبتیں حاصل تھیں شاید اسی لیے یہی اردو کلچر کے نمائندے جن کے نام میں نے لیے ہیں ان کے قریبی دوستوں میں رہے۔ بعد میں مغنی تبسم سے دوستی بڑھی تو ان کے اور ہمارے ساتھ بھی

ایسی بیٹھکیں ہونے لگیں۔ سیکو ئرا صاحب نے پاپلر کلچر پر جب اپنی کتاب لکھی تو اس میں ایک مضمون اردو مشاعروں پر بھی قلم بند کیا۔ اسے ہندستان اور ہندستان کے باہر بہت پسند کیا گیا۔ میں نے یہ بھی دیکھا کہ کسی بھی ادبی یا ثقافتی محفل میں ہم لوگ بیٹھے ہیں۔ اچانک کوئی نہ کوئی شخص سیکو ئرا صاحب کے سامنے نمودار ہوا اور کہنے لگا کہ "Sir آپ نے مجھے پہچانا۔ میں آپ کا شاگرد ہوں۔" کچھ دیر باتیں کیں اور رخصت ہوا تھوڑی دیر بعد کوئی اور شخص نمودار ہوا جو عمر میں پہلے آنے والے سے بڑا ہی تھا۔ اس نے بھی یہی جملہ ادا کیا۔ کبھی ایسا بھی ہوا کہ کوئی نوجوان سامنے آیا۔ معلوم ہوا کہ اسے لکچرار بنانے یا ریڈر و پروفیسر کی ترقی دلانے والی اکسپرٹ کمیٹی میں سیکو ئرا صاحب بھی موجود تھے اور انھوں نے میرٹ کی بنیاد پر اس امیدوار کی تائید کی تھی۔

دیگر بے شمار واقعات ہیں۔ کس کس کا ذکر کروں۔ ایک ایسے وصف کا ذکر کیے بغیر نہیں رہ سکتا کہ وہ وصف ہم سب میں عنقا ہے۔ سیکو ئرا صاحب کے رشتے داروں سے دریافت کر لیجیے جن کی عمریں پچیس تیس برس کی ہوں یا پچاس ساٹھ سال کی یا پھر ان کے ڈرائیور سے پوچھ لیجیے جو آٹھ دس سال سے ان کے پاس کام کرتا رہا ہے۔ یا پھر ان تمام احباب سے جو انھیں ان کے بچپن اور جوانی سے جانتے ہیں۔ کیا کسی بھی موقع پر سیکو ئرا صاحب نے اپنے غصے کا اظہار کیا ہے ؟ مجھے تو ہر شخص سے جواب نفی ہی میں ملا اور خود میرا یہی تجربہ رہا ہے کہ ان پچیس برسوں میں کسی بھی موقع پر انھوں نے غصہ تو کجا اپنی کسی کلفت کا بھی اظہار نہیں کیا ہے۔ اور نہ ہی کبھی کسی گفتگو میں کوئی تلخی آنے دی۔ ۲ ستمبر کی شام میں ان سے حیدر گوڑہ کے اپولو ہاسپٹل کے کمرے میں ملا۔ کوئی گھنٹے بھر سے زائد باتیں ہوئیں۔ انھوں نے یا تو ۲۷ / اگست کو تصوف پر ہوئی ادبی محفل کا ذکر کیا یا پھر شعر و حکمت اور ہیرالڈ پینٹر کے ترجمے کی بات کی جس میں انھوں نے میری رہبری کی

تھی۔ صرف اتنا کہا کہ معمولی ساCist ہے۔ آپریشن کے دوسرے دن واپس آجاؤں گا۔ میں جوبلی اپولو ہاسپٹل آنے زحمت نہ کروں۔ لنگڑاتے ہوئے دور تک چلنا پڑے گا۔ تین چار دن بعد انشاء اللہ ملاقات ہوگی۔ ان کے بھتیجے ہکٹر سیکوئرا سے میں فون پر ربط قائم کیے ہوئے تھا۔ ۷ ستمبر کو دوپہر سے قبل ہکٹر کی مسز ماری نے فون پر اطلاع دی کہ ۶ ستمبر کی صبح آپریشن کے گھنٹے دو گھنٹوں کے اندر ہی انھوں نے آخری سانس لی تھی۔ دواخانے والوں نے ایک دن انھیں ICU میں رکھا۔ اب ان کی میت لائی گئی ہے۔ آسٹریلیا اور گووا سے عزیزوں کے آنے پر تدفین عمل میں آئے گی۔ یہ کہتے ہوئے وہ رو رہی تھیں میں بھی رو پڑا۔ ۱۵ ستمبر تک نعش کو برف سے محفوظ رکھا گیا۔ سینٹ جوزف کیتھڈرال کی سروِیس میں اور اس کے بعد نارائن گوڑہ کی سمٹری (Cemetery) میں رشتہ داروں اور احباب کی اتنی کثرت تھی کہ تابوت پھولوں سے لد گیا۔ سچ ہے کسی عالم کی مقبولیت کا اندازہ یا تو اس کی ادبی محفلوں میں شرکا کی تعداد سے کیجیے یا پھر اس کے جنازہ پر۔ ۱۸ ستمبر کی شام نظام کالج کے سالار جنگ ہال میں فورم فار ماڈرن تھاٹ نے شعبہء انگریزی نظام کالج کے اشتراک سے ایک تعزیتی جلسہ پروفیسر سید سراج الدین اور پروفیسر آئزک سیکوئرا کا منعقد کیا۔ شہر کی مختلف جامعات کے انگریزی پڑھانے والے اساتذہ، مرحومین کے دوست اور رشتہ داروں نے شرکت کی۔ ابتدا میں آنے والوں میں پروفیسر شیو کے کمار تھے۔ یہ تعزیتی جلسہ دو گھنٹوں تک چلتا رہا۔ کئی برسوں کی رفاقتیں صرف دو گھنٹوں میں معدوم ہو گئیں۔ حیدرآباد شہر کے یہ دو تابناک ستارے آفاق کی پنہائیوں میں ہمیشہ کے لیے کھو گئے۔۔۔ "اب انھیں ڈھونڈ چراغِ رخِ زیبا لے کر"۔

(۳) وحید اختر اور "ہم"

وحید اختر سے میری ملاقات پہلی بار ۱۹۵۸ء میں ہوئی تھی اور جب وہ حیدرآباد سے آخری بار رخصت ہوئے تو وہ ۱۹۹۸ء کا سال تھا۔ گویا وحید اختر کی رفاقتیں کم و بیش چالیس سال تک میرے نصیب میں تھیں۔

وحید اختر کی معیت میں گزارے ہوئے کئی واقعات میرے ذہن پر نقش ہیں لیکن ایک اہم واقعہ ایسا ہے جسے میں پہلے رقم کرنا چاہوں گا۔

فروری ۱۹۸۱ء میں حیدرآباد کے چند احباب نے مل کر ایک سیمینار "نذرِ عالم خوند میری" منعقد کیا تھا۔ اس کے ڈھائی سال بعد عالم صاحب اس دارِ فانی سے کوچ کر گئے۔ ان دنوں پروفیسر اندرناتھ چودھری دلی سے نئے نئے آئے ہوئے تھے۔ وحید اختر تو سیمینار میں بہ نفسِ نفیس شریک تھے اور "اردو میں دانشوری کی روایت" پر انھوں نے اپنا مقالہ پڑھا تھا۔ چوں کہ سیمینار کے مقالوں پر چھپنے والی کتاب میں "ڈرامہ" کی صنف پر کوئی مضمون شامل نہیں تھا اس لیے سیمینار کمیٹی نے پروفیسر اندرناتھ چودھری سے اس موضوع پر ایک مضمون حاصل کیا اور کتاب میں شامل کر لیا۔ اسی زمانے میں اندرناتھ چودھری اور وحید اختر کا ایک دوسرے سے پہلی بار تعارف ہوا تھا۔ میرے لیے اہم واقعہ یہ تھا کہ تعارف کے بعد جب وحید اختر جا چکے تو اندرناتھ چودھری نے مجھ سے پوچھا:

"وحید اختر کی شباہت عالم خوند میری صاحب سے ملتی جلتی ہے۔ گھنی زلفیں، تیکھا ماتھا، ستواں ناک، چمکتی اور بولتی ہوئی آنکھیں، کیا یہ بھی عالم صاحب کی اسکالرشپ اور

ذہانت کی ٹکر کے آدمی ہیں؟"

میں نے جواب دیا تھا" دونوں کا مقابلہ تو میں نہیں کروں گا لیکن وحید اختر فلسفہ اور اردو زبان کے ایک اہم اسکالر ہیں، اچھے شاعر اور بلند پایہ نقاد ہیں۔ان سے ملتے ہوئے بعض لوگ گھبراتے بھی ہیں۔کوئی کج بحثی پر اتر آئے تو اسے ہر گز نہیں بخشتے اور ہاں وہ اپنے لیے "میں" کے بجائے "ہم" کا استعمال کرتے ہیں۔ بعض ایسی ہی صفات کی وجہ وہ ہم لوگوں میں مقبول بھی ہیں۔میں انھیں اپنے چہیتے دوستوں میں شمار کرتا ہوں "۔حالاں کہ پہلی ہی ملاقات میں وحید اختر نے جو تاثر مجھ پر چھوڑا تھا وہ کوئی خوشگوار نہ تھا۔اورینٹ ہوٹل، عابد سے چائے نوشی کے بعد چند احباب باہر نکلے اور اپنے اپنے گھروں کی راہ لی تو میں اور وحید اختر ساتھ ہو گئے کہ دونوں کو ایک ہی راستے جانا تھا۔وحید اختر مجھے پان کے ڈبے پہ لے گئے اور دو بیڑوں کا آرڈر دیا۔میری طرف دیکھا اور کہنے لگے " جانتے ہو پان کی سرخی کہاں کام آتی ہے" پھر ان کے ہونٹوں پر ایک تیکھی سی مسکراہٹ آئی۔میں نے ان کی طرف سوالیہ نگاہ سے دیکھا تو وہ اپنے ہونٹوں کو پھیلا کر پان کا بیڑہ منھ میں رکھ رہے تھے۔ جب ان سے کئی ملاقاتیں ہوئیں اور میں ان کے "ہم" سے اچھی طرح واقف ہوا اور سلیمان اریب کے رسالہ "صبا" میں ان کے مضامین "سخن گسترانہ بات" کے عنوان سے پڑھتا رہا تو ان جانے طور پر ان کی طرف کھنچتا چلا گیا۔پھر کبھی بھی میرا دل ان کی طرف سے میلا نہ ہوا باوجودیکہ کچھ واقعات ایسے پیش آتے رہے کہ عام حالات میں انھیں معاف کرنا میری اخلاقی کمزوری ہی سمجھی جاسکتی ہے۔ایک رات دوستوں کی محفل برخاست ہونے پر ہم گھروں کو لوٹے تو مجھے اپنی کار میں وحید اختر کو ان کے سسرالی مکان اعظم پورہ پر پہنچانا تھا۔میرے گھر کے راستے ہی میں پڑتا تھا۔کار سے اترنے کے بعد بھی وہ دیر تک ٹھیرے رہے۔رات بہت ہو چکی تھی۔میں نے اصرار کیا تو

وحید اختر نے مجھے کار نشین کا طعنہ دیتے ہوئے کار کے پٹ کو اس جھٹکے سے بند کیا کہ پٹ کی چولیں ڈھیلی پڑ گئیں۔ اس رات خدا خدا کر کے مجھے کسی طرح ان سے پیچھا چھڑانا پڑا۔ اس واقعے کی تلخی شاید زیادہ دنوں تک میرے ذہن پر رہتی لیکن دو دن بعد وحید اختر سے جب میری ملاقات ہوئی تو انھیں سرے سے یاد ہی نہ تھا کہ انھوں نے اس رات کیا حرکت کی تھی۔ ایک دوسری رات میں انھیں مغنی تبسم صاحب کے گھر سے واپس لا رہا تھا راستے میں وحید اختر نے کہا کہ نظام کلب جانا ہے۔ وہاں غلام الصادقین ٹھیرے تھے۔ اس رات مجھے گھر پہنچنے کی جلدی تھی لیکن صادقین صاحب سے ملنے کے اشتیاق سے زیادہ ایک دوست کو ناراض نہ کرنے کا مسئلہ تھا۔ راستے میں وحید اختر نے شراب خریدی اور ہم دونوں نظام کلب گیسٹ ہاوز پہنچے۔ وحید اختر کا نام سنتے ہی صادقین نے کمرے کا دروازہ کھلوایا اور پھر ایک بار پینے پلانے کی محفل جمی۔ وحید اختر اصرار کرتے رہے کہ انھوں نے جو شراب لائی ہے وہ پی جائے۔ لیکن صادقین اپنے اصول کے پکے تھے۔ ان کے ساتھ جو نوجوان ساقی تھے انھوں نے ایک پوری بوتل اندر سے لائی اور اسی میں سے شراب کو گلاسوں میں انڈیلا گیا۔ اب وحید اختر کی رگِ حمیت پھڑک اٹھی۔ انھیں زعم تھا کہ صادقین ان کے تحفے کو ٹھکرا نہیں سکتے میں نے چپکے سے کہا کہ دیکھیے صادقین کو کیا معلوم کہ ان کا کون دوست ہے اور کون دشمن۔ وہ باہر سے لائی ہوئی شراب کیوں استعمال کریں۔ وحید اختر نے کہا "آپ چپ رہیے آپ کیا جانتے ہیں ہمارے مراسم کیا ہیں" پھر وہ صادقین کو ڈیڑھ دو گھنٹے تک زچ کرتے رہے کہ "ہم آپ سے زیادہ زمانے میں مشہور آدمی ہیں۔ بڑے شاعر، عالم و نقاد ہیں، فلسفے کے پروفیسر ہیں۔ اردو کی ساری دنیا ہمارا احترام کرتی ہے۔ آپ ایک معمولی نقال ہیں۔ خطاطی کی نقل کرتے ہیں۔ آپ کو یہ اعزاز ہم نے بخشا کہ ہمارے شعری مجموعے "زنجیر کا نغمہ" پر آپ

کا ٹائٹل قبول کر لیا۔ ہم نے آپ پر احسان کیا ہے۔" صاد قین بے چارے" ہاں ہوں "کرتے رہے نہ تو ان کی اور نہ ہی ان کے مصاحبوں کی پیشانی پر بل آیا۔ میں خفت سے گڑا جا رہا تھا کہ وحید اختر کے ساتھ کیوں آیا۔ میں انھیں وہیں چھوڑ کر چلا جاتا۔ اور ایک بار اٹھنے کی کوشش بھی کی لیکن وحید اختر میرا ہاتھ پکڑے رہے۔ ناچار میں کڑھتا رہا۔ میری قسمت میں وحید اختر کے ساتھ ایک اور شب کا واقعہ بھی لکھا تھا۔ دونوں ایک رات دیر سے ان کے گھر پہنچے۔ انھوں نے آواز دے کر اپنی رفیقِ حیات مہ لقا کو بلایا۔ وہ گیٹ کا دروازہ کھولے کھڑی رہیں۔ میں اپنی کار میں بیٹھا رہا کہ وحید اختر اندر چلے جائیں تو میں نکل پڑوں۔ آج بھی یہ سوچ کر مجھے حیرت ہوتی ہے کہ وہ مہ لقا کی نعش کی کھوج میں اس سمندر کے کنارے سارا دن بیٹھے رہے جس سمندر میں امریکیوں نے ایرانی ہوائی جہاز کو مار گرایا تھا اور پھر ان کی یاد میں ایسی شاعری کی جسے ان کی عمدہ تخلیقات میں شمار کیا جائے گا لیکن اس رات ایسا معلوم ہوتا تھا کہ وحید اختر نے مہ لقا سے عقد کے بعد جو کلفتیں اٹھائیں تھیں ان کا اعادہ کرنا اور اس کا بدلہ چکانا چاہتے تھے۔ مہ لقا سے میری ملاقاتیں بہت کم ہوئی تھیں لیکن اس رات کے بعد وہ مجھے پھر کبھی نظر نہ آئیں۔ ان کی آواز تک سنائی نہ دی۔ یہاں تک کہ مخدوم ایوارڈ کے سلسلے میں اختر حسن صاحب (مرحوم) اور میں علی گڑھ گئے اور صبح صبح دلی سے ٹرین کے ذریعے پہنچے تو وحید اختر، ان کے برادر نسبتی اور گھر والوں کے لیے ناشتہ نکالا جا چکا تھا۔ جوں ہی ہم لوگ پہنچے وحید اختر نے ہم سے ملاقات کی لیکن بلاوا آیا تو وہ فوراً اندر گئے۔ باہر نکلے تو کہا "آپ لوگوں کے لیے ناشتہ رکھا ہے۔ آج ہم لوگ مہمان جا رہے ہیں۔ آپ لوگوں سے کل ملاقات ہو گی۔" مجھے یاد نہیں کہ ہم لوگوں نے ناشتہ وہاں کیا تھا یا نہیں۔ اس کے بعد ہم لوگ شہریار کے گھر گئے اور اسی دن شام کو دلی لوٹ آئے۔

علی گڑھ شہر کا ایک دوسرا واقعہ بھی مجھے خوب یاد ہے۔ان دنوں قرۃ العین حیدر صاحبہ علی گڑھ میں وزٹینگ پروفیسر تھیں۔وحید اختر مجھے اپنے ساتھ لیے اردو ڈپارٹمنٹ پہنچے۔ قرۃ العین حیدر نے ہم دونوں کو تپاک سے بٹھایا اور باتیں شروع کیں۔وحید اختر کی جو باتیں یاد رہ گئیں وہ کچھ اس طرح کی تھیں۔"ہم نے آپ کے ناول آگ کا دریا کو ایک بڑے ناول کی حیثیت سے اردو دنیا میں واقف کروایا۔ شعور کی رو کو ہم نے جس طرح سے پیش کیا کوئی دوسرا نہ کرسکتا تھا۔ ہماری وجہ سے آپ کے ناول کو بڑی شہرت ملی۔"مزے کی بات تو یہ ہے کہ قرۃ العین حیدر نے کسی بات کی تردید نہ کی۔ورنہ ان کی شہرت تو یہ ہے اور جس کا ایک چھوٹا سے تجربہ ان کی حیدرآباد کی آمد کے موقع پر ہو چکا تھا کہ ان کی مرضی کے خلاف کوئی بات ہو تو وہ چپ نہیں رہتیں۔ان کا احتجاج کچھ زیادہ شدید ہی ہوتا ہے۔

ابھی تک تو میں "ہم" والی باتیں بیان کر رہا تھا اب کچھ پر بیتی بھی ہو جائے۔وہ میری افسانہ نگاری کا ابتدائی دور تھا۔چار افسانے "صبا" میں چھپے تھے اور ایک چھوٹی سی کتاب کو جو نو افسانوں پر مشتمل تھی مغنی تبسم صاحب نے شائع کروائی تھی۔اس کے چند ہی دنوں بعد وحید اختر حیدرآباد آئے تو مجھ سے کہا "اس دفعہ آپ اپنے افسانوں کی کتاب کی رسم اجرا ہم سے کروایئے۔ہم آپ کو اسٹابلش (Establish) کر کے جائیں گے۔اس میں شک نہیں کہ وحید اختر جب بھی اسٹیج سے کسی موضوع پر تقریر کرتے تو وہ دوسروں کے مقابلے میں زیادہ موثر ہوتی۔ سوائے عالم خوند میری صاحب کے وہ کسی بھی مقرر کے مقابلے میں اپنی تقریر کا لوہا منوا لیتے۔میں انھیں مختلف موقعوں پر سن چکا تھا۔تاہم میں نے کہا۔وحید اختر صاحب کتاب کی رسم اجرا کوئی بھی بڑا آدمی کرے اور کیسا ہی شان و شوکت کا جلسہ ہو کتاب کی اصلیت تو اس کی تخلیقات میں بولتی ہے۔بڑا فن پارہ اپنی راہ

آپ تلاش کر لیتا ہے۔ کہنے لگے "نہیں جناب! وہ دور چلا گیا جب فن کاروں کی کمی تھی، اب تو اچھے اچھے فن کار دفن ہو کر رہ جاتے ہیں۔" پھر میں نے ان سے دریافت کیا کہ کیا انھوں نے کافکا کو پڑھا ہے۔ کہنے لگے صرف تین چار صفحات سے آگے نہ پڑھ سکا۔ "اگر علامت اور تجرید سے آپ کو رغبت نہیں ہے تو پھر جدید فن پاروں کی پذیرائی آپ کیسے کریں گے؟" میرے اس ریمارک پر بھنّا اٹھے۔ کہنے لگے۔ "احمق اور جاہل ہیں وہ لوگ جو یہ سمجھتے ہیں کہ علامت اور تجرید سے مجھے بیر ہے۔ ترقی پسند تحریک کی اگر ہم نے حمایت کی ہے تو ہماری ہمدردی پس ماندہ اور پچھڑے ہوئے طبقے سے ہے۔ اس کا مطلب یہ نہیں کہ کسی بھی ترقی پسند ادیب کی میں حمایت کروں اور جدیدیت کو برا بھلا کہوں۔" پھر میں نے بات کا رخ بدلتے ہوئے پوچھا "یہ تو بتائیے آپ میں یہ تلخی کیسے آئی۔ کسی کو بھی اس کے منھ پر احمق اور جاہل کہہ دیا۔ تم کیا جانو ادب کیا ہے، شاعری کیا ہے اور بعض وقت تو اچھے خاصے لوگوں کی بھی آپ نے دل آزاری کی ہے۔"

اس پر میری طرف غور سے دیکھ کر کہنے لگے۔ "پھر آپ نے چھیڑا۔ ہم آپ سے پہلے کہہ چکے ہیں کہ پیدا ہونے کے بعد سے بڑے ہونے تک، شاعری میں نام کمانے اور پی اچ۔ ڈی کی ڈگری حاصل کرنے تک دنیا نے ہمارے ساتھ کیا سلوک کیا۔ ان لوگوں میں ہمارے عزیز اور رشتہ دار بھی شامل تھے۔ ایک دفعہ ہم اپنے گھر کے لیے پڑوسی کے نل سے پانی بھر رہے تھے۔ پڑوسی کوئی غیر نہیں تھے ہمارے رشتہ دار تھے۔ ہمارا حال تھا اونچا پاجامہ اور بوسیدہ قمیض، پاؤں میں پھٹی چپل۔ وہاں حیدرآباد سے کچھ شاعر بھی آئے ہوئے تھے اور شعری محفل جمی ہوئی تھی۔ نل پر پانی کا بکٹ چھوڑ کر ہم بھی شعر سننے کے لیے قریب پہنچے اور چبوترے ہی پر کھڑے رہے۔ کسی اور نے نہیں ہمارے رشتہ دار ہی نے کہا "شاعری تمھاری کیا سمجھ میں آئے گی۔ جاؤ اپنا پانی بھر لو" اس کے بعد بہت زیادہ

عرصہ نہیں گزرا تھا۔ ہماری شہرت شاعر کی ہو گئی۔ دار الشفا کی ایک شعری محفل میں ہمیں بھی مدعو کیا گیا۔ جن صاحب نے طعنہ دیا تھا کہ شاعری میری سمجھ میں نہیں آئے گی انھوں ہی نے آگے بڑھ کر مجھ سے کہا۔ "میں تو صرف آپ کی شاعری سننے کے لیے آیا ہوں۔" میں ان سے کیا کہتا "شاعری یوں ہی نہیں آتی جناب۔ وہ تو ودیعت ہوتی ہے۔" لیکن میں نے انھیں سنا ان سنا کر دیا اور اسٹیج پر چلا گیا۔

سچ پوچھیے تو تلخی کے علاوہ بہت سی صفات وحید اختر کو ودیعت ہوئیں تھیں۔ تلخی تو انھوں نے اپنے پر لادلی تھی۔ یہ تو نہیں کہتا کہ وہ دنیا کو وہی تلخی لوٹانا چاہتے تھے جو دنیا نے انھیں دی تھی میں یقین کے ساتھ کہہ سکتا ہوں کہ وہ ایک بے ریا شخصیت کے حامل انسان تھے۔ تو پھر کیا یہ انا پرستی تھی؟ میں کہوں گا یہ بھی نہیں۔ بہت سی نفسیاتی الجھنیں ہوتی ہیں، بڑی ہی پیچیدہ۔ خود انسان ان سے واقف نہیں ہوتا۔ ہوتا بھی ہے تو اسے ایک معمول (Routine) سمجھ کر اس پر عمل کرتا رہتا ہے۔ وحید اختر کا معاملہ یہ نہیں تھا کہ وہ دوسروں کو کم تر سمجھنا چاہتے تھے بلکہ وہ اپنے کو کسی سے کمتر کہلانا پسند نہیں کرتے تھے اس لیے کہ وہ اپنی بلند حیثیت سے باخبر تھے۔ اردو ادب نثر ہو کہ نظم یا تنقید انھوں نے کبھی تیسرے درجے کی تخلیق نہیں کی۔ ابتدائی تعلیم اردو میڈیم سے ہونے کے باوجود انگریزی اس طرح سے بولتے جیسے کسی انگریزی میڈیم کا طالب علم بولتا ہے۔ فارسی زبان پر بھی عبور تھا۔ بلا کا حافظہ سونے پر سہاگے کا کام کر جاتا۔ نطق کی ان کے پاس بڑی اہمیت تھی۔ خاموش رہنے والوں کو وہ منافق اور خود غرض جانتے تھے۔ "کربلا تا کربلا" ان کی شاعری کا آخری مجموعہ ہے۔ اس موضوع پر ان کی ایک طویل نظم ہے۔ میں ان کی ایسی محفلوں میں بھی شریک رہا جہاں انھیں مرثیہ سنانے کے لیے مدعو کیا جاتا۔ غزل ہو نظم ہو کہ مرثیہ، شعر سنانے میں ایک ایسا بانکپن تھا جو بہت کم شاعروں کو نصیب ہوتا

ہے۔ باتیں بھی طویل ہوتیں مضامین بھی طویل ہوتے اور خطوط بھی طویل لکھتے۔ پہلے بھی طویل خطوط آتے رہے اور پھر اس وقت بھی جب ان کے بڑے لڑکے حسن کو دیسی پستول کے قبضے میں رکھنے کے الزام میں چادر گھاٹ پولیس نے حراست میں لے لیا تھا۔ علی گڑھ کے طالب علموں کے پاس پستول کا ہونا معمول کی بات تھی لیکن سوال یہ تھا کہ علی گڑھ کا طالب علم پستول کے ساتھ حیدرآباد کیوں آیا۔ تحقیق پر جب پولیس کو پتہ چلا کہ طالب علم امن پسند اور پڑھے لکھے گھرانے کا ہے اور سابق میں کوئی مجرمانہ رکارڈ نہیں ہے تو معاملہ رفع دفع ہو گیا۔ میرے لیے خوشی کی بات یہ تھی کہ وحید اختر نے بڑی سفارشوں تک پہنچ رکھتے ہوئے بھی مجھ پر اعتماد کیا تھا۔ یہ سچ ہے کہ دوستوں کا اعتماد آدمی کے بھرم کو بڑھا دیتا ہے۔

دلی کی ایک ادبی محفل میں اردو ادب کے بدلتے ہوئے رجحانات پر ایک مذاکرہ تھا۔ علی سردار جعفری جلسے کی صدارت کر رہے تھے۔ اتفاق سے میں اس محفل میں موجود تھا۔ وحید اختر نے جدیدیت کے خلاف چند باتیں کہی تھیں۔ وہ جانتے تھے کہ میں ادب میں علامت اور تجرید کو زیادہ اہمیت دیتا ہوں۔ اس کے باوجود میں نے ان سے خواہش کی کہ میں کچھ بولنا چاہتا ہوں تو انھوں نے صدرِ جلسہ سے سفارش کی۔ میں نے وحید اختر کے ارشادات کے خلاف باتیں کیں۔ صدرِ جلسہ نے وحید اختر سے سرگوشی میں کہا "یہ تو آپ کے خلاف بول رہے ہیں۔" اس وقت تو وحید اختر کا چہرہ بڑا سنجیدہ ہو گیا تھا لیکن جلسے کے اختتام پر مجھ سے مل کر کہنے لگے "یہی تو توقع تھی جناب آپ سے۔" یہ کہہ کر وہ ہمیشہ کی طرح مسکرانے لگے۔

آخری بار وحید اختر جب حیدرآباد آئے تو کوئی ڈیڑھ ماہ کا قیام رہا۔ گردوں کا عارضہ تھا۔ تقریباً روز ہی انھیں ڈائلائسس کے لیے دوا کا ایک نیا پیاکٹ استعمال کرنا پڑتا تھا۔ دوا

خانے کی سہولت کی وجہ میرے پاس ہی قیام تھا۔ گراؤنڈ فلور پر میری بیگم کا دواخانہ تھا اور ہم لوگ پہلی منزل پر رہتے تھے۔ وحید اختر نے ایک ایسا کمرہ منتخب کرلیا جہاں بیٹھ کر وہ کچن گارڈن کا نظارہ کرسکتے تھے۔ یہ وہی کمرہ تھا جہاں عالم خوند میری صاحب نے اپنی بیماری کے دوران تین دنوں کے لیے قیام کیا تھا۔ ان کے گردے بھی ناکام ہو رہے تھے۔ مکان بدل رہے تھے تو انھیں دو چار دن کے لیے ایسی جگہ کی ضرورت تھی جو شور شرابے سے پاک ہو۔ میرے پاس سے منتقل ہو کر ایک ہفتہ بعد ہی مہاویر ہاسپٹل میں اپنی آخری سانس لی تھی۔ سب لوگ جانتے تھے کے وحید اختر بھی چند ماہ کے مہمان ہیں۔

کسی بھی شخص کے لیے یہ ایک بھیانک تجربہ ہے کہ اسے اپنی موت سے قریب ہونے کا علم ہو جائے لیکن یہ نہ معلوم ہو کہ کتنے دن تک اس کی حیات باقی ہے۔ ہر روز اگلے دن کی امید و بیم میں جینا پڑتا ہے۔ سلیمان اریبؔ، عالم خوند میری، عزیز قیسیؔ اور اختر حسن ان چاروں احباب سے میری قربت بھی تھی اور محبت بھی۔ میں ان احباب کو ایسے ہی دور سے گزرتے ہوئے دیکھ چکا تھا۔ چاروں اپنے اپنے رویے میں مختلف تھے۔ وحید اختر جو اپنے آپ کو احباب کے درمیان اکثر غیر محفوظ سمجھتے رہے ہوں اور لوگوں کو بولنے کا موقع نہ دیا ہو ان دنوں نسبتاً خاموش رہا کرتے لیکن کسی بھی ملنے والے کو یہ احساس نہ ہونے دیتے کہ وہ زندگی سے مایوس ہیں یا انھیں اس کا غم ہے۔ احباب ملنے آتے تو ان سے علم و ادب، شعر و شاعری کی باتیں ہوتیں یا پھر علی گڑھ اور حیدرآباد کے ادبی ماحول کی باتیں۔ کبھی کبھی ایران میں اپنے قیام کے دنوں کو بھی یاد کرتے اور وہ واقعات سناتے جن کا انھیں تجربہ تھا۔ انھیں دنوں جامعہ عثمانیہ کے شعبۂ تاریخ کے استاد علی محسن صاحب کی ایک کتاب "تاریخِ یورپ۔ دور جدید" چھپ کر آئی تھی۔ علی محسن صاحب کے صاحب زادے ڈاکٹر جعفر حسن نے اس کتاب کی اشاعت کا اہتمام کیا

تھا۔ ان کی خواہش تھی کہ اس کتاب پر کسی طرح وحید اختر کا تبصرہ حاصل کر لیا جائے۔ میرے لیے یہ سب سے زیادہ کٹھن کام تھا۔ پہلے اس کتاب کو میں نے وحید اختر کو پڑھنے کے لیے دیا تھا لیکن فرمائش کرنے سے کتراتا رہا۔ کسی طرح ہمت کر کے ایک دن مدعا ظاہر کر دیا یہ کہتے ہوے کہ اس کتاب کی اشاعت میں میری بھی محنت ہے۔ اتنا ہی کہہ پایا تھا کہ وحید اختر نے جواب دیا "ہاں میں اس پر تبصرہ لکھوں گا۔ کتاب بہت اچھی چھپی ہے اور علی محسن صاحب کی زبان کا میں دل دادہ ہوں۔" اس کے تیسرے ہی دن انھوں نے دو صفحات پر مشتمل ایک مبسوط تبصرہ میرے ہاتھ میں پکڑا دیا۔ چار سو صفحات پر پھیلے ہوئے متن کو جیسے کوزے میں بند کر دیا ہو۔ یہ تھا ان کا رویّہ زندگی سے، علم و ادب سے اور دوست احباب سے۔ میں نہیں سمجھتا کہ کسی دوست نے کوئی فرمائش کی ہو اور انھوں نے انکار کیا ہو۔

وحید اختر کے حیدرآباد سے واپس ہونے سے قبل ایک ادبی محفل کا اہتمام کیا گیا۔ ان کے علی گڑھ واپس ہونے سے دو دن قبل ان کے کمرے کے سامنے لان پر چند احباب کو مدعو کر لیا گیا۔ مرحومہ صفیہ اریبؔ اور مرحوم سید عبدالقدوس بھی موجود تھے۔ جو احباب حیات ہیں میں ان کے نام لینے سے گریز کر رہا ہوں کہ اگر کسی صاحب کا نام چھوٹ جائے تو مجھے اس کی ندامت ہو گی۔ بہر حال کوئی پچیس تیس احباب شریکِ محفل رہے۔ شاعروں نے اپنا اپنا کلام سنایا۔ دوسروں نے باتیں کیں۔ وحید اختر نے اچھی اچھی باتیں کیں اور اپنے کلام سے بھی نوازا۔ علی گڑھ روانہ ہونے سے ایک دن قبل وحید اختر نے مجھے یہ کہہ کر چونکا دیا کہ "جناب آپ نے جو مہمان نوازی کی ہے اس کا تو احسان رہے گا۔ (حالاں کہ ان کا کھانا ان کے رشتہ داروں کے پاس سے ہی آیا کرتا) لیکن دوا خانے کے کمرے کا کرایہ آپ کو لینا ہو گا۔ پھر انھوں نے دواخانے کی سسٹر کو بلا کر بڑے

اصرار کے ساتھ وہ پیسے دے دیے۔ انا پرست تو وہ تھے ہی لیکن بعض احباب نے ان پر خود پرستی کا بھی الزام لگایا۔ میں نے ان کی تمام اداؤں کو بڑے احترام سے یاد رکھا ہے۔ جس شخص کا سارا بچپن غربت وافلاس میں گزرا ہو، جسے لوگوں کی شفقت و محبت کبھی حاصل نہ ہوئی ہو اور جسے اپنی ہی یونیورسٹی میں ((Merit میرٹ کے باوجود ملازمت نہ ملی ہو جس نے کبھی جھوٹ نہ بولا ہو، کسی کو کبھی دھوکہ نہ دیا ہو، جس نے بھوکے رہنے کو قرض مانگنے پر ترجیح دی ہو، جس نے وقت اور وعدے کی پابندی کی ہو اور جو کبھی کسی دولت مند اور صاحبِ اقتدار سے مرعوب نہ ہوا ہو، وہ جو ہمیشہ بے باک اور حق گو رہا تو ایسے شخص کو اپنی بڑائی منوانے کا حق ہے۔ انھوں نے اس حق کا بھرپور استعمال کیا۔ کسی کو حقیر نہ جانا بلکہ اپنے "ہم" میں ہم لوگوں کو بھی شامل سمجھا، اپنے رتبے سے بہ خوبی واقف تھے اور آخری وقت تک اس کے وہ محافظ رہے۔ اس مقصد کے لیے انھوں نے اپنے کو حیدر علی آتشؔ کا ہم نوا بنالیا تھا۔

غم نہیں گنوائے فلک رتبہ ہے مجھ کو خار کا
آفتاب اک زرد پتّا ہے مرے گلزار کا

(۴) باتیں ہماریاں (یادیں)

کسی شخص کی پہلی ادبی تخلیق صرف سولہ سال کی عمر میں کسی مشہور و معروف جریدہ میں چھپ جائے تو اسے فخر کرنے کا حق ہے۔ اقبال متین کی پہلی کہانی "چوڑیاں" اسی عمر میں ادب لطیف لاہور میں ۱۹۴۵ء میں چھپی تھی۔ پورے ساٹھ سال بیت گئے ہیں اور اس عرصے میں انھوں نے اپنی ادبی تخلیقات سے تین پیڑھیوں کو متاثر کیا ہے۔ سات مجموعے افسانوں کے ایک خاکوں کا مجموعہ اور ایک ناول۔ مزید تین کتابیں زیرِ طبع ہیں۔ ان میں ایک شاعری کا مجموعہ بھی شامل ہے۔ ایسا اعزاز بہت ہی کم ادیبوں کو نصیب ہے۔ ایک احمد ندیم قاسمی ہیں جنھوں نے شاید چار پیڑھیوں کو متاثر کیا۔ اس وقت اقبال متین کے مضامین کا جو مجموعہ ہمارے سامنے ہے اس کا عنوان ہے "باتیں ہماریاں" تازہ تازہ ابھی جون ۲۰۰۵ء میں شائع ہوا ہے اور اس میں کل انیس مضامین ہیں۔ سترہ مضامین خود اقبال متین کے قلم کی نگارشات ہیں۔ ایک "اقبال متین۔ صاحب طرزِ ادیب" کے عنوان سے یوسف سرمست کا لکھا ہوا ہے۔ دوسرا قاضی سلیم (مرحوم) کے قلم کا مرہونِ منت ہے۔ اس کا عنوان ہے "سوندھی مٹی کے بت۔ ایک مطالعہ"۔ اقبال متین کے قلم سے نکلے ہوئے سترہ مضامین میں اکثر ایسے ہیں جو پہلے چھپ چکے ہیں۔ شاید سارے مضامین پہلے سے شائع شدہ ہوں گے۔ اس کا علم راقم کو نہیں ہے۔ ان میں سید ہاشم علی اختر اور ان کی بیگم وحید بی بی پر شامل مضامین وہ ہیں جو نذرِ ہاشم علی اختر کی ضخیم کتاب میں موجود ہیں۔ یہ کتاب فورم فار ماڈرن تھاٹ اینڈ لٹریچر نے ۲۰۰۳ء میں چھاپی

ہے۔"باتیں ہماریاں "کا موضوع "خاکے "یا"مضامین "نہیں بتایا گیا ہے بلکہ اسے "یادیں " کے عنوان سے شائع کیا گیا ہے۔ یادیں ایک طرح سے سوانحی واقعات ہوتے ہیں۔ ویسے اس میں کوئی ایک درجن ایسے کردار ہیں جن کے اقبال متین کے روابط اور ان کے کارناموں پر روشنی ڈالی گئی ہے۔ کامریڈ محمود مشیر، لیڈر، جوادرضوی، مخدوم وشاہد، باقر مہدی، مغنی تبسم اور حسن چشتی صاحبان پر لکھے گئے مضامین پر ان کے ناموں کے عنوان دیے گئے ہیں۔ دیگر تحریروں میں راج بہادر گوڑ، نریندر لوتھر، مجتبیٰ حسین، وسیم عباس و ان کی بیگم سکینہ، قمر جمالی اور ان کے میاں محمود، راشد آزر، راجندر سنگھ بیدی، خلیق انجم، ڈاکٹر سید عبد المنان اور بہت سے ڈھیر سارے نام ہیں جن کی ایک طویل فہرست بنتی ہے۔ اقبال متین کو ان کی یادوں کے جھروکے میں جھانکنے کی ضرورت نہیں پڑتی۔ ان ہی کے الفاظ میں:

" کبھی کبھی کیا کیا یاد آ جاتا ہے اور پیچھا نہیں چھوڑتا۔ چادر تان لو تو تصور میں وہی منظر، اٹھ بیٹھو تب بھی وہی، بغیچہ کی آبیاری کے لیے نکل پڑو، سامنے پھول خیالوں میں دھول۔"

"میرے مزاج کا تحمل کہیں کھو گیا ہے۔ یہ جو جراحتیں سینے میں چھپائے ہوئے ہوں اس کا نفسیاتی تجزیہ کرتا ہوں تو بس وہی محرومی سر جھکائے بادیدۂ نم ہاتھ ملتے ہوئے ملتی ہے۔"

"میں نے یادوں کو بے مہار چھوڑ دیا ہے۔۔۔ جو رہ گئیں سو میری جو نہ رہیں سو اللہ میاں کی بھی نہیں۔"

اقبال متین کی ان تحریروں سے اگر صرف "بچپن جو سانحہ نہ ہوا" اور "بہاؤ کا گنا ندی کا" پڑھ لیں تو اس حقیقت کا انکشاف ہو گا کہ ان کی زندگی میں کیسے اندوہناک

حادثات گزرے ہیں۔ تین ایسے بیٹوں کی موت جو جوانی کو پہنچنے سے قبل ہی اللہ کو پیارے ہو گئے اور وہ منیرا جو پھوپی زاد بہن تھی، جسے بچپن سے چاہا تھا اور جسے اپنا رفیقِ حیات تو بنایا تھا لیکن عین جوانی ہی میں اقبال متین کی حیات کی کشتی کو انجانے طوفانوں کے حوالے کر گئی۔ دکھ بھی ہوتا ہے اور حیرت بھی کہ یہ شخص زندگی کی ادھر ادھر بکھری ہوئی خوشیوں کو سمیٹنے کے لیے زندہ رہ گیا۔ آفاتِ سماوی کو تو ٹالا نہیں جاسکتا لیکن سماج میں بھی اقبال متین کو ایسے کرداروں سے سابقہ پڑا۔ انھیں کہنا پڑا:

"لوگ اپنی منفعت کو اولین اہمیت دے کر نوازشوں کا حساب کتاب کرنے کے اس قدر عادی ہیں کہ مل جائے تو دینے والا افق نشیں نہ دے تو خاک نشیں۔"

گزشتہ چند برسوں میں اقبال متین کے چند ایسے مضامین نظر سے گزرے جن میں انھوں نے اپنے محسنوں کو افق نشیں بنادیا لیکن منھ پھیرنے والوں سے گریز کیا اور اپنا دامن بچالیا۔

اب میں اس کتاب کے دو ابتدائی مضامین کا حوالہ ضروری سمجھتا ہوں کہ ایک مضمون نگار نے اپنی انشا پردازی سے اقبال متین کو ایک صاحبِ طرز ادیب ہونے کا ثبوت پیش کیا ہے۔ یہ سچ ہے کہ اقبال متین کی زبان اور ان کا اسلوب بیان بہت کم ادیبوں کو نصیب ہوتا ہے۔

قاضی سلیم (مرحوم) کے ایک خط بہ نام مصنف سے دو اقتباسات پیش ہیں پہلا اقتباس ذرا طویل ہے لیکن اس سے قارئین پر خود قاضی سلیم کی نثر کی خوبی کا انکشاف ہو گا۔ ہمارے دور کے بڑے اہم اور ہر دل عزیز شاعر تو وہ تھے ہی۔ ان کی نثر کے مطالعے کا موقع بہت ہی کم لوگوں کو ملا ہو گا۔ لکھتے ہیں:

"جہاں تک اندازِ بیان کا تعلق ہے وہ آپ کی ذہنی رو کا تابع ہے۔ آپ آگے آگے

چلتے ہیں الفاظ اپنے نقشِ قدم بنائے چلتے ہیں۔ اچھی نثر لکھنے کی صلاحیت بہت ہی کم لوگوں کو میسر آتی ہے۔ مجھے نہیں معلوم کہ یہ خدا کی دین یا اکتساب سے حاصل کی جاسکتی ہے۔ غبارِ خاطر کے ابوالکلام آزاد سے عبدالماجد دریابادی تک، عبدالماجد دریابادی سے سجاد انصاری مہدی افادی تک مہدی افادی سے مشتاق یوسفی اور ظ۔ انصاری تک کتنے لوگ ہیں جو صاحبِ طرزِ نثر نگار کہلائے جاسکیں۔ نثر کو موضوع کی مناسبت سے ایسے پھوٹنا چاہیے جیسے نیم کے بیج سے نیم کا پیڑ آم سے آم کا پیڑ اگتا ہے۔ ظ۔ انصاری میں ایک خامی ضرور تھی کہ ہر جگہ وہ ایک ہی لہجہ اختیار کرتے تھے۔ خاص طور پر خود نوشت سوانح عمری اور خاکوں کی کتاب میں کوئی چبا چبا کر بات کرے، اپنی کارگزاریوں کی ڈگی بجانے کی خواہش ہر جگہ سر اٹھاتی رہے تو وہ رپورٹنگ ہوسکتی ہے ادب پارہ نہیں بنتا۔ مجھے یہ خیال حال ہی میں وصول ہونے والی رفعت سروش کی کتاب "اور بستی نہیں یہ دلی ہے" پڑھ کر آیا۔ تخلیق کو تو جھرنے کی طرح پھوٹنا پھیلنا چاہیے۔"

ایک دوسرا چھوٹا سا اقتباس بھی ملاحظہ ہو جو راست اقبال متین کی نثر کے بارے میں ہے:

"آپ کی تحریر کی ایک اور خصوصیت کا ذکر ضروری ہے۔ اللہ میاں نے آپ میں ایک حیرت انگیز صلاحیت ودیعت کی ہے کہ راہ چلتے کسی کردار کے اندر گھس کر اپنی دھڑکنوں کو اس کے سینے کے بھتے سے جوڑ لیں جسے اکثر لوگ سانس کی مشین کو کسی کوما میں جانے والے انسان سے جوڑ دیتے ہیں۔ یہ ایک کہنہ مشق کہانی کار ہی کر سکتا ہے اس لیے کہ اسے مرے ہوؤں کو بھی کہانی کے ایک موڑ تک زندہ رکھنا ہوتا ہے۔"

یوسف سرمست نے بڑی محنت اور دیدہ ریزی سے اقبال متین کی تحریروں سے کئی اقتباسات جمع کیے ہیں۔ لیکن میں یہاں نموتاً صرف دو اقتباس ہی پیش کروں گا کیوں کہ

مجھے یوسف سرمست صاحب کی ساختیات کے حوالے سے لفظ و معنی پر کی گئی ایک اور بحث سے دو ایک باتیں عرض کرنی ہیں۔

یوسف سرمست لکھتے ہیں کہ ایک دفعہ قاضی عبدالستار نے اقبال متین کو علی گڑھ کے ایک سمینار میں مدعو کیا تھا۔ قاضی صاحب اقبال متین کو سفر خرچ پیش کر رہے ہیں۔ بند لفافہ لے کر وہ چوروں کی طرح میرے کمرے میں آئے۔ شرمسار سے، قصوروار سے، جھکی جھکی نظریں، عرق آلودہ پیشانی، لگتا تھا انگلی اور انگوٹھے کی مدد سے پسینہ ابھی ابھی پونچھا ہے۔ آہستہ سے ہاتھ بڑھا کر لفافہ اس طرح میرے ہاتھ میں تھمایا جیسے میری ہی جیب سے کچھ نکال رہے ہوں۔ لفافہ دے کر ایک سکنڈ نہیں ٹھہرے بھاگ کھڑے ہوئے۔ میں تو ان کے بھاگنے سے پہلے ہی ان کے اندر اتر چکا تھا۔

دوسرا اقتباس راج بہادر گوڑ اور مخدوم محی الدین کی طبیعتوں اور دونوں کی دوستیوں سے متعلق ہے۔ ملاحظہ فرمائیں:

"راج کے منہ پر اس کو برا بھلا کہیے۔ قہقہہ میں چھپا سکے تو چھپا لے گا۔ بات کی تلخی قہقہہ نہ بن سکے تو بھی اس کو صرف سنجیدگی تک لے جائے گا۔ جبیں پر تیور کہیں نہ ملیں گے۔ یہ کوئی معمولی بات نہیں ہے اور راج کے سامنے مخدوم کی چھوٹی سی برائی کیجیے پھر دیکھیے وہ پہچانا ہی نہیں جائے گا۔ محبت دیوانی ہوتی ہے۔

"اس بھولے بھالے کامریڈ نے ایک دن مجھ سے کہا تھا کہ راج مخدوم سے زیادہ انٹلی جنٹ (Intelligent) ہے۔ میں ہنس پڑا تو کہنے لگا کیوں ہنستے ہو۔ میں نے کہا یہ بات تم راج سے کہہ دو تمھارے جبڑے توڑ دے گا اور مخدوم عیادت کو آئیں گے"۔

اسی مضمون کے شروع میں یوسف سرمست نے لفظ و معنی میں کس کی زیادہ اہمیت ہے کسی بحث کو چھیڑتے ہوئے لکھا ہے:

"اسی بحث کو ساختیات کے نظریے نے اپنی انتہا کو پہنچا دیا اور زبان یا لفظ ہی کو اپنا اور زندگی کا محور و مرکز بنا دیا اور یہ دعویٰ کر دیا کہ دنیا کی حقیقت کا ادراک زبان ہی کے ذریعہ ہوتا ہے۔"

میری عرض یہ ہے کہ "ساختیات" تو بیسویں صدی کے آخری زمانے کا نام نہاد نظریہ ہے۔ انجیل مقدس کے مطابق "word" لفظ شروع ہی سے تھا اور وہ خدا تھا۔ لفظ کے معنی مستقل بھی ہیں اور اس کی علاقی پہچان بھی ہے۔ پیالے اور پانی سے متعلق جو دلائل حالی نے پیش کیے اس میں اختلاف کی گنجائش نہیں ہے لیکن یہ کہنا کہ ساختیات کے نظریہ سے دنیا کی حقیقت کا ادراک ہوتا ہے کچھ زیادہ صحیح نہیں ہے۔ سچ پوچھیے تو دنیا کی مختلف زبانوں بہ شمول اردو، کے قارئین کا کتنا فی صد ہو گا جو اپنی زبان کو ساختیاتی اصولوں پر پرکھتا ہے۔ آج کی صورتِ حال تو یہ ہے کہ ساختیات کے بانیوں نے اپنی حیات کے آخری زمانے میں اپنے ہی بنائے ہوئے اصولوں اور نظریات سے دستبرداری اختیار کرلی۔ کسی نے سچ ہی کہا کہ ادبی تھیوری نے مطالعے کے لطف کو قاری سے چھین لیا ہے۔ یہی کیفیت ساختیات میں ہے۔

اس وقت تو ہم اقبال متین کی طرزِ نگارش کی بات کر رہے ہیں۔ وہ اس وقت بھی صاحبِ طرز ادیب تھے جب ساختیات کے نظریے کا جنم نہیں ہوا تھا اور آج بھی وہ صاحبِ طرز ادیب ہیں جب ساختیات کا نظریہ دم توڑ چکا ہے۔

(۵) ڈاکٹر رفیعہ سلطانہ ۔۔۔ خوش باش و شائستہ خاتون

(ایک تاثر)

۲۴ مارچ ۲۰۰۷ء شام کے سات بجے ہیں۔ ابھی ابھی میں نے مغنی تبسم صاحب کو پرُسہ دیا ہے۔ دوپہر میں ان کے ادارے کے دست راست جعفر جری کو فون کیا تو پہلی بار ان کے فون کو آف پایا۔ شام میں جعفر جری نے بتایا کہ وہ اور مغنی تبسم صاحب چند دیگر احباب کے ساتھ پروفیسر رفیعہ سلطانہ کی تدفین میں لگے تھے۔ پروفیسر صاحبہ کے خاندان کا کوئی فرد ایسا نہیں جنھیں میں جانتا ہوں۔ مغنی صاحب ہی ایک ایسی شخصیت تھے جن کے توسط سے ڈاکٹر رفیعہ سطانہ سے قربت تھی۔ مرحومہ مغنی صاحب کو اپنے ہم عصروں میں شمار کرتی تھیں۔ دونوں کو ایک دوسرے پہ اعتبار تھا۔ ایک دوسرے سے خلوص تھا۔ ڈاکٹر صاحبہ میں چاہے اور چاہے جانے کی بے پناہ صلاحیت تھی۔ میں انھیں کب سے نہیں جانتا؟ غالباً ۱۹۵۴ء یا ۵۵ء کی بات ہے۔ میڈیسن کے ایک نوجوان طالبِ علم جعفر حسن تھے۔ انھوں نے منٹو سوسائٹی قائم کی تھی۔ یہ جامعہ کے استاد علی محسن صاحب کے صاحبزادے تھے۔ منٹو پر مضمون نویسی کے مقابلے کے انعامات کا اعلان ہوا۔ ادبی اجلاس میں عالم خوندمیری صاحب کے علاوہ چند اور بھی اساتذہ اور اسکالرس موجود تھے۔ ان میں دو خواتین بھی شامل تھیں۔ پروفیسر رضیہ اکبر صاحبہ اور پروفیسر رفیعہ سلطانہ صاحبہ۔ دونوں بھی اس وقت لکچرار تھیں۔ تھیوسیفکل ہال تلک روڈ پر اجلاس مقرر تھا۔ دونوں خواتین شانہ بہ شانہ چل کر ہال کے اندر داخل ہو رہی تھیں۔

انھیں دیکھ کر بہت ہی اچھا لگا کہ میانہ قد اور خوب صورت خط و خال کی یہ دونوں خواتین جن میں ایک باب کٹ ہیر اسٹائل تھیں بڑی لبرل اور خود اعتمادی کا ثبوت دے رہی تھیں۔ اس کے بعد یاد نہیں کہ رفیعہ سلطانہ صاحبہ سے کہاں کہاں ملاقات ہوئی۔ شاید بہت ہی کم ہوئی لیکن ۱۹۶۰ء میں پوسٹ گریجویٹ طالبِ علم کی حیثیت سے آرٹس کالج میں داخلہ لیا اور بزمِ اردو کا صدر منتخب ہوا تو موصوفہ سے اکثر ملاقاتیں ہوتی رہیں۔

صدر شعبہ پروفیسر عبدالقادر سروری کے اجلاس پر یا کبھی کبھی ان کی کار میں سفر کرتے ہوئے ڈاکٹر صاحبہ سے ملاقات ہو جاتی۔ ہماری بزم نے اس سال چند نئے ادبی مشاغل شروع کیے۔ وقفہ وقفہ سے کسی طالبِ علم کی تخلیق ادبی اجلاس میں پیش کی جاتی اور اس پر مباحثے ہوتے۔ ان محفلوں کی صدارت کے لیے مجھے اساتذہ سے درخواست کرنی پڑتی۔ ایک بار میری درخواست کو ایک استاد نے یہ کہتے ہوئے رد کر دیا کہ وہ اڈے پر کے بھوئی تو نہیں کہ انھیں جب چاہا بلا لیا۔ اس کے بعد مجھے محتاط ہونا پڑا تھا۔ لیکن ڈاکٹر رفیعہ سلطانہ کے پاس جب بھی کوئی درخواست لے کر جاتا تو وہ بہ خوشی اسے منظور کر لیتیں۔ ہماری ادبی محفلوں میں بھی شریک ہوتیں۔ کوئی بھی تخلیق ذرا بھی اچھی ہوتی تو دل کھول کر داد دیتیں۔ خوش دل اور خوش مزاج تھیں۔ ہنسنے ہنسانے میں بھی بڑی فراغ دلی سے کام لیتیں۔ پان بڑے شوق سے کھاتیں اور اس کا لطف اٹھاتیں۔ اس طرح کے کبھی کبھی ان کا دہانہ کھل جاتا اور مجھے ایسا لگتا کہ وہ اکیلی نہیں بلکہ ساری محفل پان چبانے کا لطف اٹھا رہی ہے۔

مجلہ ءعثمانیہ تو بزم کا سالانہ جریدہ تھا۔ اس کے علاوہ ہمارے بزم نے دو زائد پرچے "سفینہ" کے عنوان سے شائع کیے تھے۔ مضامین طالبِ علموں ہی کے شامل کیے جاتے۔ سرپرستی اساتذہ کی درکار تھی۔ گزرے ہوئے سال کے اردو فیسٹیول کا بعض اساتذہ کو تلخ

تجربہ تھا۔ ڈاکٹر حفیظ قتیل صاحب نے منع کر دیا تھا کہ "سفینہ" میں کوئی اشتہار نہ چھاپا جائے۔ طالبِ علموں کے پاس تھوڑا سا پیسہ آجائے تو بزرگوں کے ساتھ برا سلوک کرتے ہیں۔" اسی خیال کا اظہار کیا تھا انھوں نے۔ تب میں نے پرچہ چھاپنے کے اخراجات کے لیے عطیہ کی خواہش کی۔ سوائے ڈاکٹر رفیعہ سلطانہ کے کسی اور نے کوئی عطیہ نہیں دیا۔ اس سال ہم لوگوں نے بین کلیاتی بزمِ اردو بھی قائم کی تھی۔ ایوننگ کالج کی بزم کے صدر اس کے معتمد اور سائنس کالج کی بزم کے صدر مصطفی کمال اس کے خازن ہوئے۔ میں صدر تھا۔ سرمایہ کا نہ ہونا اور وقت کی تنگی کی وجہ ہم لوگ کوئی پروگرام نہ کر سکے۔ صرف ایک اہم کام یہ ہوا تھا کہ یو۔ ین۔ او۔ کی ایک ماک (mock) اسمبلی منعقد کی گئی۔ سوشیالوجی کے استاد جناب حسن عسکری نے سرپرستی قبول کی اور اس وقت کے سکریٹری جنرل ڈاکٹر ہیماشولڈ کا رول ادا کیا۔ ڈاکٹر رفیعہ سلطانہ صاحبہ نے اس میں بھی ہمارا ساتھ دیا تھا۔ اب صرف اتنا یاد ہے کہ وہ ہمارے ساتھ تھیں۔ وہ اپنے شاگردوں کی بڑی پسندیدہ استاد تھیں۔ اس کے علاوہ ایک اچھی مقرر بھی تھیں۔ اردو اور سماج کے مختلف موضوعات پر مجھے ان کی تقریریں سننے کا موقع ملا تھا۔ وہ اپنے خیالات کو بڑی وضاحت سے پیش کرتیں۔ کبھی تکرار نہ ہوتی اور سننے والے کو بیزارگی کا احساس نہ ہوتا۔ ان کی بات چیت بھی دلچسپ ہوتی۔ لوچ دار آواز میں نرمی کی آمیزش ہوتی۔ جی چاہتا کہ انھیں سنتے رہیے اور ان کے خوش گوار مسکراتے چہرے کو دیکھتے رہیے۔ قہقہہ لگا کر ہنسنے میں بھی وہ تکلف نہ کرتیں لیکن قہقہے کی آواز دور تک جانے کا ڈر ہوتا یا پان کی پیک کے بکھرنے کا اندیشہ تو فوراً اپنے منہ پر ہاتھ رکھ لیتیں۔ خوش باش اور خوش دل لوگ شائستگی کو پھلانگ جائیں تو برا نہیں لگتا۔ لیکن ڈاکٹر صاحبہ کالج میں ہوتیں کہ کسی ادبی محفل میں یا گھر پر ہمیشہ شائستگی کا مجسمہ ہی نظر آئیں۔ ان کے رفیق حیات عبدالمحمود صاحب کا بھی یہی

عالم تھا۔ اس کے علاوہ وہ کم گو بھی تھے اور دھیمی آواز میں بولتے تھے۔ ان کے گھر "پھول بن" پر دونوں سے ایک ساتھ ملنے کے مواقع بھی نصیب ہوئے۔ دونوں ہی بڑے مہمان نواز تھے۔ ہمیشہ ان کی یہ خواہش ہوتی کہ دوست احباب ان کے گھر آیا کریں۔ رخصت ہوتے ہوئے ہر بار دوبارہ آنے کی خواہش کرتے۔

اپنے ابتدائی دور میں ڈاکٹر رفیعہ سلطانہ نے افسانے بھی لکھے۔ لیکن انھیں جس کام کی شہرت ملی وہ "اردو نثر کا ارتقاء" ہے۔ اسے تعلیمی نصاب میں بھی شامل کیا گیا۔ ناول ہو کہ افسانہ یا ڈراما یا کوئی مزاحیہ خاکہ ان سے موصوفہ کو بڑی دلچسپی تھی۔ وہ ریڈیو کے پروگرام بھی بڑی پابندی سے سنتیں۔ ایک زمانے میں احمد جلیس کے خاکے "چھوٹی چھوٹی باتیں" کی بڑی شہرت تھی۔ کسی دن ملاقات ہوتی تو پچھلے پروگرام کا ذکر کرتیں اور بڑی فیاضی سے اس کی تعریف کرتیں۔ میرا ایک ڈراما "حادثہ" بھی انھوں نے نیرنگ پروگرام میں سن لیا تھا۔ مجھ سے ملیں تو کہنے لگیں "میاں کیا خوب ڈراما لکھا تم نے۔" ایک شخص اپنے دوستوں اور ملاقاتیوں کی ایک طویل فہرست رکھتا ہے۔ اس کی ڈائری میں کئی نام ان کے پتوں اور ٹیلیفون نمبروں کے ساتھ درج ہیں لیکن جب وہ ایک حادثے کا شکار ہو جاتا ہے اور پولیس کو اس کے ورثہ کی تلاش ہوتی ہے تو ہر شخص اپنی مصروفیت کا اظہار کرتا ہے۔ کسی کو اتنی فرصت نہیں کہ حادثے کا شکار اپنے دوست کا آخری دیدار کریں یا اس کے کسی کام آئیں۔

ڈرامے کا اختتام یوں ہے کہ پولیس ٹیلی فون پر ربط کی ناکامی کے بعد اخبار میں اشتہار دینے کا فیصلہ کر لیتی ہے۔ میں نے اس واقعے کا ذکر اس لیے کیا کہ مرحومہ کو اس موضوع سے جو گونہ لگاؤ تھا اس کا اظہار ہو۔ عبدالمحمود صاحب کے انتقال کے بعد چند برس گزر گئے۔ میں سوچتا ہی رہ گیا۔ توفیق نہ ہوئی کہ وقت نکالتا اور ڈاکٹر رفیعہ سلطانہ کو

پرُسہ دینے کے لیے ہی ان کے گھر جاتا۔ اب خود ان کی رحلت پر پرُسہ دینے کے لیے مغنی تبسم صاحب سے رجوع کرنا پڑا۔ انھوں نے بتایا کہ مرحومہ چند ماہ سے علیل تھیں۔ مجھے تو ان کی تدفین کے بعد اس کا علم ہوا۔ علم ہوتا تب بھی کیا کرتا۔ جب ہم معذور ہو جاتے ہیں تو سر پکڑ کر بیٹھ جاتے ہیں۔ جب اچھے تھے تب احباب کی خبر نہ لی۔ شائد یہی دنیا کا دستور ہے۔

(٦) قادر علی بیگ تھیٹر فاؤنڈیشن کا ایک سال

قادر علی بیگ (مرحوم) نے بیسویں صدی کی ساتویں اور آٹھویں دہائیوں میں حیدرآباد اردو تھیٹر کی دنیا میں جو کارنامے انجام دیے ہیں۔ وہ ڈرامے کی تاریخ کا ایک اہم باب ہے۔ ان کی یاد کو تازہ رکھنے اور تھیٹر کے کام کو مزید بڑھاوا دینے کے لیے ٦! اپریل ۲۰۰۵ء کے دن "قادر علی بیگ تھیٹر فاؤنڈیشن" کا قیام عمل میں لایا گیا۔ قادر علی بیگ کی بیسویں برسی کے موقع پر ۳! جون ۲۰۰۵ء کی شام فاؤنڈیشن کے زیرِ اہتمام ڈراما "اپراجیتا" پیش کیا گیا۔ پھر ایک سال سے کم عرصے میں نہایت ہی اہم اور مقصدی سات ڈرامے پیش کیے گئے۔

فاؤنڈیشن کے نیشنل ڈائرکٹر پدما شری ڈاکٹر ایم۔ ایس۔ ستیو صاحب ہیں جو فلم اور تھیٹر کی دنیا سے وابستہ مشہور شخصیت کے حامل ہیں۔ ان کی ایک کمیٹڈ شخصیت کی شہرت ہے۔ قادر علی بیگ مرحوم کی رفیقِ حیات محترمہ رضیہ بیگم فاؤنڈیشن کی چیئر پرسن ہیں اور ان کے دوسرے صاحبزادے مشہور اشتہاری فلم ساز جناب محمد علی بیگ کو صدر منتخب کیا گیا ہے۔ شہر کی ایک اور اہم خاتون محترمہ لکشمی دیوی راج اس کی ریجنل ڈائرکٹر ہیں۔ ملک کی چند اہم شخصیتیں جو فلم اور آرٹ سے وابستہ ہیں جیسے کلاسیکی ڈانسر محترمہ وانی گنپتی، موسیقار جناب رتک الیا راجہ اور اداکارہ محترمہ سہاسنی منی رتنم ٹرسٹ کے ممبر ہیں۔ ان کے علاوہ شہر حیدرآباد سے ممتاز دانشور پروفیسر مغنی تبسم، مشہور جرنلسٹ جناب میر ایوب علی خاں، افسانہ و ڈراما نگار جناب قدیر زماں اور قادر علی بیگ مرحوم کے

دیگر فرزندان معین علی بیگ وافضل علی بیگ بھی ٹرسٹی ممبران میں شامل ہیں۔

قادر علی بیگ فاؤنڈیشن کی جانب سے ایک سال کے قلیل مدت میں جو سات ڈرامے پیش ہوئے ان کا مختصر جائزہ یہاں لیا گیا ہے۔ جن میں سے پانچ ڈراموں کی اسپانسر شپ کاکتیہ شیریٹن ہوٹل نے کی اور ڈراما "رات" اور "تارامتی" کی اسپانسر شپ آندھرا پردیش ٹورازم ڈیولپمنٹ کارپوریشن نے کی ہے۔

"اپراجیتا" اس ڈرامے کو نتیش سین((Nitesh Sen نے بنگالی زبان میں تحریر کیا ہے۔ ۳! جون ۲۰۰۵ء کی شام اسے کاکتیہ شیریٹن ہوٹل میں مدعوئین کے سامنے اور دوسری شام عطیہ دہندگان کے سامنے بھارتیہ ودیا بھون آڈیٹوریم میں پیش کیا گیا۔ پروفیسر جئے دیو ہٹنگڑی نے اسے ڈائرکٹ کیا اور فلمی دنیا کی مشہور اداکار روہنی ہٹنگڑی جنھوں نے مہاتما گاندھی میں کستوربا گاندھی کارول نبھایا تھا، اپراجیتا کا کردار ادا کیا۔

اپراجیتا ایک سیدھی سادی لیکن باصلاحیت و باہمت لڑکی ہے۔ اس کی شادی ایک مالدار لیکن بے وفا اور بے پروا انسان سے کر دی جاتی ہے۔ اپراجیتا کو جوں ہی احساس ہو گیا کہ وہ ایک نرغے میں پھنس گئی ہے۔ اور خود اس کے اہلِ خاندان نے اسے دھوکا دیا ہے تو وہ اپنی سماجی پوزیشن بنانے، روزی کمانے اور اپنے پیروں پر کھڑے ہونے کے لیے نکلتی ہے۔ ہر جگہ اسے ناکامی ہوتی ہے۔ پدرسری نظام کی اس دنیا میں ہر طرف غاصب اور لالچی مرد پھیلے ہوئے ہیں۔ فیمنزم کے بیش تر مسائل ابھر کر ناظرین کے سامنے آتے ہیں۔ ڈرامے میں ایسے کئی موڑ ہیں کہ جو لوگ محبت کا دم بھرتے ہیں وہی دھوکا دیتے ہیں۔ آخر میں اپراجیتا ایک تھیٹر سے وابستہ ہو کر اپنا مستقبل بنانا چاہتی ہے لیکن تھیٹر کے مالک کا سلوک بھی دوسرے مردوں جیسا ہے۔ ڈرامے کے انجام پر بڑی خوش اسلوبی سے ایک ایسی عورت کو پیش کیا گیا ہے جو اس فرسودہ نظام کے خلاف بغاوت کرتی ہے اور اپنی

خود مختاری کا اعلان کرتی ہے۔

روہنی ہتنگڑی نے ڈرامے کا سولو پرفارمنس دیا اور عورت کے بدلتے ہوئے موڈس کی بھرپور عکاسی کی ہے۔ ان کی اداکاری کی خوبی یہ تھی کہ پورے ڈیڑھ گھنٹے تک یہ اکیلی اسٹیج پر جمی رہیں اور بغیر کسی خارجی امداد کے انھوں نے ناظرین میں یہ احساس پیدا کیا ہے اسٹیج پر پر ۴، ۵ خواتین اپنا اپنا کردار ادا کر رہی ہیں۔

"رات" یہ بڑا ہی سسپنس ڈراما رہا۔ اس ڈرامے کے مصنف ایریل ڈارف سین ہیں اور اس کا عنوان ہے "Death and the maiden"۔ اس ڈرامے میں چلی کے ڈکٹیٹر شپ کے دور کے وحشیانہ مظالم کو بڑی عمدگی سے پیش کیا گیا ہے۔ "تمھاری امریتا" جیسے شہرت یافتہ ڈرامے کے مصنف جاوید صدیقی نے اس ڈرامے کو ہندستانی میں "رات" کے عنوان سے اپنایا ہے اور ایسے واقعات پیش کیے ہیں جو ہندستان جیسے ممالک میں اکثر ہوتے رہتے ہیں۔ کہانی یوں ہے کہ آشی نام کی عورت گھر پر اپنے شوہر کا انتظار کر رہی ہے اس کے شوہر کبیر کی کار کا ٹائر راستے میں پنکچر ہو جانے کی وجہ سے وقت پر گھر واپس نہ ہو سکا۔ اتفاق سے اس نے اپنا جیک پڑوسی کو دے دیا ہے۔ پڑوسی دولت مند ہونے کے باوجود بڑا کنجوس ہے اور کبیر ایک معقول، دل والا اور لبرل آدمی ہے۔ جو شخص کبیر کو راستے میں جیک فراہم کرتا ہے اور اسے گھر تک لے آتا ہے اس کا نام دلوی ہے۔ اس کے نام کی تختی اے۔ آر۔ دلوی کی ہے۔ عبدالرحمن دلوی یا آتمارام دلوی ہو سکتا ہے۔ دراصل وہ پولیس کا ایک سینیر انسپکٹر رہ چکا ہے۔ چند برس قبل آشی کے ساتھ دلوی نے پولیس اسٹیشن میں جو ظلم ڈھایا تھا اور جس طرح مختلف آفیسروں نے اس کا ریپ کیا تھا اس کی وجہ آشی اپنا ذہنی توازن کھو چکی ہے۔ اسے نارمل بنانے کی تمنا میں کبیر نے آبادی سے باہر گھر لیا تھا اور دونوں ایک طرح سے چین کی زندگی گزار رہے تھے۔ اب جو دلوی

کسی بہانے سے کبیر کے گھر آتا ہے تو ذرا مشکل سے لیکن آشی اسے بہ ہر پہچان لیتی ہے۔ وہ طرح طرح کے بہانے کرتا ہے کہ وہ انسپکٹر دلوی نہیں ہے لیکن اس کی آواز، اس کی حرکتوں اور یہاں تک کے اس کے پسینے کی بو سے آشی اسے پہچان لیتی ہے اور اذیت کے نت نئے ہتھکنڈے اختیار کرتے ہوئے اس سے قبولواتی ہے کہ وہ انسپکٹر دلوی ہے۔ پہلے تو شوہر کبیر دلوی کی سائڈ لیتا ہے لیکن جوں جوں آشی کے ساتھ کے ہوئے مظالم اس کے سامنے آتے ہیں وہ آشی کا طرف دار ہونے لگتا ہے۔ حقیقت سے واقف ہونے پر بھی کبیر کی بڑائی یہ ہے کہ وہ انتقام لینے کو برا سمجھتا ہے ناظرین مکالموں کی کاٹ اور تینوں کرداروں کی اداکاری کو دیکھتے ہوئے محوِ حیرت ہو جاتے ہیں۔ ڈرامے کا ایک پل دل چسپ ہے۔ ڈرامے کے اختتام پر ناظرین کتھارسس کے عمل سے گزرتے ہیں۔ ریشمی شرما، سریندر گپتا اور انجن سریواستو یہ تینوں بھی فلم اور تھیٹر کی مشہور شخصیتیں ہیں۔ انجن سریواستو کو تو سارا ہندستان "واگھلے کی دنیا" کے ٹی۔وی سیریل کی وجہ سے جانتا ہے۔ تینوں نے اپنی بے ساختہ اداکاری سے ناظرین کا دل موہ لیا۔ ایم۔ایس۔ستیو کی ہدایت کاری نے سونے پر سہاگے کا کام کیا۔

"مہاتما اور ایک شاعر" ۲ / اکتوبر مہاتما گاندھی کی یومِ پیدائش کے موقع پر ہوئے ٹام الٹر کے ڈائرکٹ کیے ہوئے اس ڈرامہ کو فاونڈیشن کے زیر اہتمام پیش کیا گیا۔ ڈرامے میں کہانی یا پلاٹ جیسی کوئی بات نہیں ہے۔ کچھ عرصہ قبل ڈاکٹر مرنالنی سارہ بائی نے گاندھی جی اور سروجنی نائیڈو کے درمیان ہوئی خط و کتابت کو ایک کتاب کی شکل میں شائع کیا۔ اشاعت کے بعد انھوں نے اس کتاب کو ٹام آلٹر کے پاس اس خواہش سے بھیجا کہ ان خطوط کو ڈرامے کی شکل میں عوام کے سامنے پیش کیا جائے۔ ٹام آلٹر نے اسے قبول کیا۔ اسٹیج کی دونوں جانب دو کرسیاں اور میز رکھے گئے۔ ایک طرف مرنالنی سارہ بائی اور

دوسری طرف ٹام آلٹر بیٹھے ہوئے ان خطوط کو پیش کرنے لگے۔ گاندھی جی کی تحریروں کو ٹام آلٹر نے اور سروجنی نائڈو کے خطوط کو مرنالنی نے ایسے پڑھا جیسے ایک دوسرے سے دوبدو مخاطب ہیں۔ گاندھی جی کا پہلا خط ۲۳ / فروری ۱۹۱۵ء کا لکھا ہوا تھا اور یہ سلسلہ انیسویں صدی کی چوتھی دہائی تک چلتا رہا۔ ان خطوط میں چند شخصی مسائل جیسے ایک دوسرے کی صحت اور حفاظت سے متعلق باتیں ہیں لیکن زیادہ تر ہندستان کی تہذیب، ثقافت اور آزادی کے دور کی جھلکیاں پیش کی گئی ہیں۔ اس کے علاوہ کانگریس ورکنگ کمیٹی کی قیادت کے بارے میں بھی دونوں کے نظریات ہیں اور پھر انگریزوں کی ریشہ دوانیوں کا بھی ذکر کیا گیا ہے۔

ٹام آلٹر گورے چٹے تیکھے خدوخال اور دراز قد کے آدمی ہیں۔ گھنی زلفیں اور گھنی ڈاڑھی بھی ان کے چہرے پر خوب سجتی ہے۔ انگریزی کے شاعر ڈین تھامس کی آواز کی کھنک ان کی آواز میں ہے۔ پتا نہیں کس کی آواز کس نے چرائی۔ ڈرامے کے دوران مرنالنی کو مخاطب پاکر وہ کبھی کبھی اسٹیج پر ٹہلتے بھی ہیں اور کبھی فرش پر بیٹھ کر پاؤں دراز کیے آواز کی طرف دھیان لگائے سننے میں مصروف نظر آتے ہیں۔ ہندستان کی آزادی کے دور کے واقعات سے ڈرامے کی اہمیت بڑھ جاتی ہے۔ اس طرح کے مقصدی ڈراموں کو پیش کرتے ہوئے محمد علی بیگ نے اپنی خوش نودی کا اظہار کیا اور اپنے رفقائے کار اور ناظرین کا شکریہ ادا کیا۔

"بیگم جان" یہ ڈراما پرانے شہر چو محلہ پیالیس میں ۲۰ / نومبر ۲۰۰۵ء کی شام پیش کیا گیا۔ اس کی ہدایت کار نادرہ ببر تھیں۔ ڈرامے کا پلاٹ یہ ہے کہ بیگم خان بیسویں صدی کے دور کی ایک مشہور مغنیہ ہیں۔ وہ اب اپنے بڑھاپے کے دن گزار رہی ہیں۔ بڑی کم زور اور نحیف لیکن بڑے حوصلے کی خاتون ہیں۔ ان کی ایک نوجوان نواسی ان کے ساتھ ہیں۔

فکر لگی ہے کہ کسی طرح نواسی کے ہاتھ پیلے کیے جائیں۔ مکان کا ایک حصہ کرائے کے لیے خالی ہے۔ اسے چند نوجوان یکے بعد دیگرے کرائے پر حاصل کرتے ہیں لیکن آخر میں ان نوجوانوں سے مایوسی ہوتی ہے۔ یا تو وہ لڑکی کو جھانسا دینا چاہتے ہیں یا وہ اس لائق نہیں کہ اس سے شادی رچائیں۔ آخر میں ایک صحافی نوجوان آتا ہے۔ اس نے بیگم جان کے بارے میں سن رکھا ہے کہ اس کے پاس مولانا آزاد کی جوانی کے لکھے ہوئے خطوط ہیں۔ وہ انھیں کسی طرح بیگم جان سے حاصل کر کے مال منفعت حاصل کرنا چاہتا ہے لیکن بڑی بی بار بار جل دے جاتی ہیں۔ اس بیچ نواسی اور اس نوجوان میں دوستی ہو جاتی ہے لیکن لڑکی ہمیشہ اپنی نانی کی نگرانی میں ہے۔ تینوں کے درمیان چوہے بلی کا کھیل ہوتا ہے۔ ایک طرف بیگم جان اور ان کی نواسی زرینہ اور دوسری طرف سنجے پانڈے۔ دلچسپ بات یہ ہے کہ مولانا آزاد کے خطوط جو بیگم جان کے نام ہیں ان کے بارے میں آخری وقت تک ناظرین کو علم نہیں ہو پاتا کہ وہ خطوط فرضی ہیں یا سچے۔ خطوط سے جو اقتباسات پیش کیے گئے ہیں وہ غبارِ خاطر سے لیے ہوئے ہیں۔ ڈرامے میں کم از کم تین بار ایسا محسوس ہوتا ہے کہ کلائمکس آچکا ہے لیکن ڈراما پھر بھی آگے بڑھتا ہے۔ جاوید صدیقی نے بڑے جان دار مکالمے لکھے ہیں نادرہ ببر نے بیگم جان کا جوہی ببر نے زرینہ کا اور شبھراجیوتی نے سنجے پانڈے کا رول خوب نبھایا ہے۔ ڈراما کھلے اسٹیج پر کھیلا جا رہا تھا لیکن ناظرین کو لگا جیسے وہ حقیقی واقعات کا مشاہدہ کر رہے ہیں۔

"جی جیسے آپ کی مرضی" اس ڈرامے کی اسکرپٹ خود نادرہ ببر نے لکھی ہے اور خود انھوں نے ہی اسے ڈائرکٹ کیا ہے۔ مسائل نسوان اور عورت کے ساتھ ہونے والے گھناؤنے واقعات کی بھرپور اور موثر عکاسی کی گئی ہے۔ صرف ایک سقم یہ لگا کہ جو تہہ داری "بیگم جان" کے ڈرامے میں برتی گئی ہے "جیسے آپ کی مرضی میں" اس کے

بر خلاف بہت ہی صاف صاف باتیں کہی گئی ہیں۔ دونوں ڈراموں کے تھیم بھی الگ ہیں۔ اس ڈرامے میں چار مختلف عمر کی عورتوں کو یکے بعد دیگرے پیش کیا گیا ہے۔ یہ چاروں مختلف ریاستوں اور مختلف مذاہب کی نمائندگی کرتی ہیں۔ مرد کے ظلم و ستم کی داستان اور عورت کا کٹھ پتلی بنے رہنا یہی اس ڈرامے کا مرکزی تھیم ہے اور یہ شروع ہی سے ابھر کر آیا ہے۔ پہلی بار ایک نو سال کی لڑکی اسٹیج پر کھیلتی کودتی آتی ہے۔ وہ کہنے لگتی ہے کہ جب وہ ماں کے پیٹ میں تھی اسی وقت سے اس کے ساتھ نفرت برتی جا رہی تھی۔ ماں باپ نے حمل گرانے کی کوشش کی۔ لیڈی ڈاکٹر نے دھمکی دی۔ کجری ببر نے جس بے ساختگی سے یہ رول نبھایا ہے کہ اسے دیکھتے ہوئے ناظرین یہ بھول جاتے ہیں کہ پیدائش سے تین ماہ قبل ہی اس خون کے لوتھڑے کو اس کے مارنے کی سازش کی کس طرح سن گن ہوئی ہوگی۔ بہ ہر حال یہ حقیقت ہے کہ ہمارے سماج میں ایسے واقعات بار بار دہرائے جاتے ہیں۔

اس کے بعد ایک اٹھارہ سال کی لڑکی ورشا پوٹی (ریشمی لوئے) اسٹیج پر آتی ہے۔ اس کے ساتھ سامنے کی دکان والے پڑوسی لڑکے نے جو کھیل کھیلا اور جو اس سے دغا کی وہ کہانی پیش کی جاتی ہے یہاں تک کہ شادی سے قبل جنسی تعلق پر راضی نہ ہونے پر اسیڈ پھینکنے کی دھمکی دی جاتی ہے۔

تیسری عورت سلطانہ ہے۔ اس کردار کو پریتی نائر نے ادا کیا۔ چار بیٹیوں کو جنم دینے کی پاداش میں اسے گھر سے باہر ہونا پڑا۔ ایک نکڑ پر وہ پردہ لگا کر زندگی گزارتی ہے۔ بیٹیوں کی تربیت اور محنت شاقہ سے بچیوں کا مستقبل روشن ہو جاتا ہے۔ ایک لڑکی گرایجویٹ بن گئی ہے۔ دوسری وکیل اور اسی طرح باقی دو لڑکیاں بھی خود مکتفی ہو جاتی ہیں۔ واقعات غیر متوقع ہیں۔ ناظرین پہلو بدلنے لگ جاتے ہیں۔ سچائیوں کا اظہار آرٹ

کی سطح پر نہ ہو تو ناظرین اکتا جاتے ہیں۔

چوتھی خاتون ببلی ہے۔ ایک پنجابی عورت۔ اس رول کو جوہی ببر نے کیا ہے۔ ببلی ایک مال دار گھرانے میں بیاہی جاتی ہے۔ شادی کی تقریب، وداعی شان و شوکت اور سال گرہ کے موقع پر پیسہ پانی کی طرح بہایا جاتا ہے۔ شوہر اور سسرالی رشتہ داروں کی طرف سے کوئی ظلم و زیادتی بھی نہیں ہے لیکن اسے کیا کیجیے کہ دوسری عورتوں میں دل چسپی لینے و کی وجہ شوہر اپنی بیوی سے والہانہ جذبات نہیں رکھتا۔ نیک سلوک دکھاوے کا ہے۔ مختلف ناگوار اور ناپسندیدہ حالات سے گزر کر بیوی سمجھوتہ کر لینے پر مجبور ہے اور اسے بھی بہ ظاہر ایک اطمینان کی زندگی گزارنے کا بہانہ کرنا پڑتا ہے۔

الغرض چاروں عورتیں ناموافق حالات میں رہتے ہوئے اور پدر سری نظام کی زیادتیوں کا مقابلہ کرتے ہوئے بڑے حوصلے کا مظاہرہ کرتی ہیں۔ نادرہ ببر اس ڈرامہ کی ہدایت کاری میں ذرا تہہ داری برتتیں تو ڈراما موثر ہو سکتا تھا۔

"شرلی والن ٹائن" یہ ولّی رسّل کا انگریزی ڈراما ہے۔ جس پر ایک ایک آسکر نام زد فلم بھی بنائی گئی۔ اسے انگریزی ہی میں مہابانو موڈی کوتوال نے اپنے مونولاگ میں پیش کیا۔ موڈی کوتوال نے اسے ڈائرکٹ کیا۔ مہابانو بمبئی کی انگریزی تھیٹر اور فلمی دنیا کی جانی پہچانی اداکارہ ہیں۔ کوئی ڈیڑھ گھنٹے تک صرف اکیلی اسٹیج پر بولتی ہیں۔ وہ خود کلامیہ شروع کرتی ہیں مسلسل اس روانی سے بولتی ہیں کہ عام لوگ اگر ایک منٹ میں ایک سو لفظ بول سکتے ہیں تو اتنے ہی وقت میں وہ دو سو سے زائد الفاظ بڑی روانی سے ادا کرتی ہیں۔ دوسری خاص بات یہ ہے کہ وہ اسٹیج پر اکیلی ہی ہیں لیکن ڈرامے کے کوئی نصف درجن کرداروں کی اس طرح نمائندگی کرتی ہیں کہ ناظرین ان کے وجود کو اسٹیج پر محسوس کرتے ہیں۔

شرلی انگلستان کی ایک شادی شدہ عورت ہے۔ اس کے دو بچے ہیں۔ شوہر بار بار

اسے احساس دلاتا ہے کہ وہ اس سے پیار کرتا ہے لیکن ہر مرحلے پر شرلی کو یہ احساس ہوتا ہے کہ شوہر کی ساری باتیں ڈھکوسلا ہیں۔ اس کی جذباتی زندگی میں اس کے شوہر کی کوئی شرکت ہی نہیں۔ یہی نہیں بلکہ مہابانو کی اداکاری کا کمال یہ ہے کہ ناظرین یہ محسوس کرتے ہیں کہ سارے مرد ہی شرلی کے شوہر کی نمائندگی کرتے ہیں۔ شرلی جمالیاتی ذوق رکھتی ہے۔ وہ کبھی خراماں خراماں ریت پر چلتی ہے اور کبھی سمندر کے کنارے بیٹھے، پاؤں پانی میں ڈالے سمندر کی لہروں سے کھیلتے ہوئے سورج کو گھورنے لگتی ہے۔ وہ اپنے کو اس طرح تنہا پاکر ایک دن اپنی دوست لین (Lane) کے ساتھ یونان کے ایک جزیرے کا رخ کرتی ہے۔ وہاں اس کی ایک سیلنگ بوٹس (Sailing boats) کے مالک سے ملاقات ہوتی ہے جسے وہ کرسٹوفر کولمبس کہتی ہے۔ وہ اسے بوٹس میں لے کر گھومتا ہے۔ پہلے اس شخص نے شرلی کو باور کروایا تھا کہ وہ کبھی بھی اپنی طرف سے کوئی پیش رفت نہیں کرے گی لیکن اگر چاہے تو شرلی اس کے ساتھ جنسی تعلقات پیدا کر سکتی ہے۔ وہ "نہیں" نہ کہے گا۔ آہستہ آہستہ ایک وقت آتا ہے جہاں وہ اپنے آپ کو کاسٹا (کرسٹوفر کولمبس) کے حوالے کر دیتی ہے حالاں کہ شروع شروع میں تو شرلی کا احساس تھا کہ کاسٹا کو عورتوں سے باتیں کرنے کا سلیقہ ہی نہیں آتا۔ لیکن اب تو وہ کاسٹا کے Bar کی نگران بھی بن جاتی ہے۔ ایک دن کاسٹا نے شرلی کی غیر موجودگی میں دوسری عورت کے سامنے وہی مکالمے دوہرائے تھے جو اس نے شرلی سے پہلی بار کیے تھے یعنی یہ کہ اس کو سیکس میں پہل کرنے کی کوئی خواہش نہیں ہے۔ اب شرلی کو کاسٹا بھی دوسرے مردوں ہی کی طرح نظر آتا ہے۔ اس عرصے میں شرلی کے شوہر جو (Joe) نے شرلی کا پتا لگا کر لکھا کہ وہ اسے لینے آرہا ہے۔ وہ آتا ہے تو شرلی کو بھی اپنے بچوں کی یاد آتی ہے۔ لیکن وہ اپنے شوہر کی بے مروتی نہیں بھولی ہے۔ اب شوہر اس سے وعدہ کرتا ہے کہ آئندہ وہ اسے خوب چاہے

گا۔ شرلی کا آخری جواب یہ ہے کہ "جس عورت کو تم چاہنے کی بات کر رہے ہو اب اس کو تمھاری ضرورت نہیں ہے"۔ اس طرح وہ وعدہ تو نہیں کرتی کہ اپنے شوہر کے ساتھ نہیں جائے گی لیکن ایک امر پوشیدہ ہے کہ یہ ڈراما ایک کامیڈی (طربیہ) پر ختم ہوتا ہے کہ شرلی نے جو کو انکار نہیں کیا ہے۔

اسی ڈرامے کو قادر علی بیگ فاونڈیشن نے ۲۵ اور ۲۶ !اپریل کی شام ہوٹل شریٹن اور مریڈین اسکول بنجارہ ہلز میں پیش کیا اور ناظرین سے داد حاصل کی۔

"تارامتی ""شرلی والن ٹائن" کے بعد ایک ہی مہینے کے اندر قادر علی بیگ فاونڈیشن نے ڈراما "تارامتی۔ دی لیجنڈ آف این آرٹسٹ" پیش کیا۔ اس کی اسپانسر شپ آندھرا پردیش ٹورسٹ ڈپارٹمنٹ نے کی۔ چناں چہ ۲۴ اور ۲۵ /اپریل ۲۰۰۶ء کے دونوں دنوں کی شام یہ ڈراما کھلے آسمان کے نیچے تارامتی بارادری پر پیش کیا گیا۔ اس کی اسکرپٹ اور گیت دلی کے اشوک لال نے لکھے۔ ہدایت کار محمد علی بیگ تھے۔ دوسری خاص بات یہ تھی کہ فاونڈیشن کے تحت پیش کیے جانے والے ڈراموں میں سے یہ ایک ایسا ڈرامہ تھا جو خالص دکن کی تہذیب کو پیش کرتا تھا اور اس میں اداکاری کے جوہر مقامی فن کاروں ریشمی سیٹھ، عائشہ جلیل، دیپتی، محمد انور علی اور جاوید کمال نے دکھائے۔ مقامی افراد نے چند اور ایکسٹرا کردار بھی کیے۔ فلم اور تھیٹر سے وابستہ ترون دھن راج گیر جی اور اپاستا شکلا نے ہیرو اور ہیروئن کے کردار نبھائے۔ اس ڈرامے میں بادشاہت اور عاشق کا ٹکراؤ بھی ہے اور رقص و موسیقی کی جھلکیاں بھی۔ ایک موقع پر تو جب کہ تارامتی اور عبداللہ قطب شاہ بارادری کی پہاڑیوں میں کوئی ۱۵۰ قمقموں کی روشنی میں رقص کرتے ہیں تو ایسا محسوس ہوتا ہے جیسے دو مور جنگل میں دوسری مخلوق سے بے پرواہ ہو کر ناچ رہے ہیں۔ عائشہ جلیل کا رقص بھی ناظرین کے دل کو محسور کر لیتا ہے۔ عبداللہ قطب شاہ کی

ماں حیات بخشی بیگم کے رول میں ریشمی سیٹھ بالکل حقیقی کردار لگتی ہیں۔ انھوں نے اداکاری بھی ایسی ہی کی جیسی کہ حیات بخشی بیگم ساڑھے تین سو سال بعد زندہ ہو کر حیدرآباد کے ناظرین کے سامنے پیش ہوئی ہوں۔ وہ منظر بھی خوب ہے جب عبداللہ قطب شاہ تارامتی کو بارادری کا محل تحفے میں پیش کرتا ہے۔ کہانی کی دل چسپی کے علاوہ ناظرین کو تاریخی معلومات بھی فراہم ہو جاتی ہیں۔ مغل بادشاہوں کا لالچ دکن کو باج گزار بنانے اور اس سے مالی منفعت حاصل کرنے کا واقعہ بھی پیش کیا گیا ہے۔

ایم۔ ایس سیتو نے اس ڈرامے کی لائٹنگ کی اور عالمی شہرت یافتہ موسیقار الیاراجہ کے فرزند کارتک راجہ نے موسیقی پیش کی۔ ہندی فلم دنیا کی گائے کار مدھوشری نے اس کے گانے پیش کیے۔

حیدرآباد کے ناظرین کثیر تعداد میں تارامتی بارادری پر ڈرامے کو دیکھنے کے لیے موجود تھے۔ ناظرین کا تاثر یہ تھا کہ وہ اسٹیج پر ڈرامہ نہیں بلکہ کسی 3D اسکرین پر کوئی فلم دیکھ رہے ہوں۔ یہ اس لیے ممکن ہو سکا کہ ہدایت کار محمد علی بیگ نے اپنی فلمی پیش کش کی صلاحیتوں کو بروئے کار لاتے ہوئے اسے اسکرین کی سطح پر پہنچا دیا۔ حاضرین کو لگا کہ وہ عبداللہ قطب شاہ اور تارامتی کے عشق کی داستان کو اپنی نظروں کے سامنے دیکھ رہے ہیں۔ ۲۴ اور ۲۵ ! اپریل ۲۰۰۶ء کی شام تارامتی کی بارادری پر ایک تہوار کا منظر تھا۔ حیدرآباد کی گنگا جمنی تہذیب کا اس سے بہتر مشاہدہ شاید ہی پہلے کبھی ہوا ہو۔

(۷) ہیرالڈ پنٹر کو ۲۰۰۵ء کا 'نوبل انعام'

سویڈن کی نوبل ایوارڈ کمیٹی نے ہیرالڈ پنٹر (Harold Pinter) کو ۲۰۰۵ء کے ادب کے نوبل انعام سے نوازا ہے۔ پنٹر کی عمر اس وقت ۷۵ سال کی ہے۔ وہ ہر طرح سے اس ایوارڈ کے مستحق ہیں۔ کم از کم پچھلے چالیس برسوں میں برطانیہ میں تھیٹر کا خیال آتے ہی لوگوں کی زبان پر ہیرالڈ پنٹر کا نام آتا ہے۔ ۱۹۶۰ء اور ۱۹۷۰ء کے درمیان انھوں نے اپنے ڈراموں سے پورے یورپ میں تہلکہ مچا دیا تھا۔ گذشتہ بیس سال کے دوران ہیرالڈ پنٹر تیسرے ڈرامہ نگار ہیں جنھوں نے نوبل ایوارڈ حاصل کیا۔ امریکہ کے ڈرامہ نگار وولے شیونیکا کو ۱۹۸۶ء میں اور اس کے کوئی آٹھ سال بعد اٹلی کے ڈرامہ نگار داریو فو کو ۱۹۹۷ء میں یہ انعام دیا گیا۔

ہیرالڈ پنٹر ۱۰/ اکتوبر ۱۹۳۰ء کو مشرقی لندن کے مضافات میں پیدا ہوئے۔ وہ یہودی النسل ہیں۔ باپ ایک خیاط ہونے کے باوجود خاندان مرفع الحال رہا۔ نو سال کی عمر میں پنٹر کو رنوال جانا پڑا تھا۔ لیکن ۱۹۴۴ء میں وہ لندن واپس ہو کر وہاں کے ایک گرامر اسکول میں شریک ہوئے۔ طالب علمی کے زمانے ہی سے انھیں انگریزی ادب اور خاص طور پر تھیٹر سے خاص لگاؤ رہا۔ اٹھارا سال کی عمر میں انھیں نیشنل سرویس کی فوج کا بلاوا آیا لیکن انھوں نے کسی بہانے سے جرمانہ ادا کیا اور فوج میں شرکت نہ کی۔ اس کے بعد وہ ریڈیو کے ڈراموں میں حصّہ لیتے رہے اور ساتھ میں سنٹرل اسکول آف اسپیچ اور ڈرامہ (Central School of Speech and Drama) میں اپنی ٹریننگ جاری رکھی۔

اسکول سے نکل کر اسٹیج ڈراموں میں کام کرتے رہے۔ اداکاری کے علاوہ ہدایت کاری کے فرائض بھی انجام دیے اور ۱۹۵۷ء سے لے کر آج تک کوئی تیس پینتیس (۳۰۔۳۵) ڈرامے لکھے۔ ۱۹۵۷ء میں انھوں نے جو پہلا ڈرامہ لکھا اُس کا عنوان "ایک کمرہ" (The Room) ہے۔ دوسرے سال انھوں نے اپنا دوسرا ڈرامہ "دی برتھ ڈے پارٹی" (The Birthday Party) کے عنوان سے لکھا۔ اسے کیمرج کے آرٹ تھیٹر میں کھیلا گیا۔ خوب پذیرائی ہوئی اور پنٹر کو شہرت ملی۔ اب ان کا نام برطانیہ کے اہم ڈرامہ نگاروں میں لیا جانے لگا۔ اس ڈرامے کو ۱۹۶۸ء تک بار بار کھیلا گیا۔ اُس کے چند دیگر اہم ڈراموں کے عنوان ہیں۔ "گونگا ویٹر" ،"ایک بونا"، "عاشق"،"ٹی پارٹی"، "گھر لوٹنا"،"خموشی"،"نگران کار"(The Caretaker) اور "دغا" ((The Betrayal۔ ان کے علاوہ پنٹر نے دوسرے مصنفوں کے لیے اسکرین پلیز بھی لکھے جن کی تعداد ایک درجن سے کم نہیں۔

ہیرالڈ پنٹر کا پیش رو سیموئل بیکٹ تھا جس نے "Waiting for Godo" جیسے ڈرامے لکھ کر ابسرڈ تھیٹر کی نیو ڈالی اور عالمی شہرت حاصل کی۔ ابسرڈ ڈراموں کی یہ خصوصیت ہے کہ وہ روایتی اقدار کے بارے میں چند ایسے سوالات اُٹھاتے ہیں جن کا ہمیں کوئی خاطر خواہ جواب نہیں ملتا۔ ہیرالڈ پنٹر نے بیکٹ کی اس روایت کو برقرار رکھا۔ ایسا نہیں کہ انھوں نے بیکٹ کی نقل کی ہو بلکہ ابسرڈ ڈراموں کی روایت کو برقرار رکھتے ہوئے انھوں نے ایسے کردار تخلیق کیے جو نہ صرف روایتی اقدار کی پامالی کی تلقین کرتے ہیں بلکہ ڈرامے کی فضا کو پراسرار بناتے ہوئے ناظرین کے ذہن میں کئی ایک ایسے سوالات پیدا کرتے ہیں جو انسانی مشکلات سے مملو ہیں۔ پنٹر کے دو ڈرامے "ایک کمرہ" اور "دی برتھ ڈے پارٹی" اس کی عمدہ مثالیں ہیں۔

ان دونوں ڈراموں میں حقیقت کیا ہے اور کیا نہیں ہے۔ سچ اور جھوٹ میں فرق کیسے کیا جائے۔ ایک بات صحیح بھی ہو سکتی ہے اور غلط بھی۔ اسٹیج پر ایک کردار جو منظر پیش کر رہا ہے یا جو مکالمے ادا کر رہا ہے ضروری نہیں کہ ان کے ذریعے وہ اپنے پچھلے تجربات یا اپنے موجودہ ارادوں اور امنگوں کی صحیح عکاسی کر رہا ہو بلکہ ہو سکتا ہے وہ جھوٹ سے کام لے رہا ہے لیکن وہ بھی اس قدر سچا ہے جس قدر کہ ایک ایسا اداکار جو اپنے ماضی اور حال کی کیفیتوں کو اپنے ضمیر کی سچائی کے ساتھ پیش کر رہا ہے۔ دونوں صورتوں میں کردار کا تجربہ جتنا گہرا ہو گا اتنا اس کا اظہار موثر ہو گا۔ ہیر الڈ پنٹر اپنے ڈراموں میں پہلے تو زندگی کی صداقتوں کو پیش کرتے ہیں۔ پھر ابسرڈ مکالموں کے ذریعے ان صداقتوں کو مجروح کرتے نظر آتے ہیں۔ سچائیاں منہدم ہوتی ہیں۔ پھر کچھ دوسری سچائیاں اُبھرتی نظر آتی ہیں۔ ناظرین تذبذب میں پڑ جاتے ہیں کہ وہ کن سچائیوں کا ساتھ دیں اور کن کا نہ دیں۔

ڈرامہ "ایک کمرہ" کی مثال لیں۔ شوہر اور بیوی ایک کمرے میں بہ ظاہر مطمئن زندگی گزارتے نظر آتے ہیں۔ شوہر اخبار پڑھ رہا ہے۔ بیوی اپنے روزمرہ کام کاج کے واقعات کو شوہر سے بیان کر رہی ہے۔ ناظرین کو مغالطہ ہوتا ہے کہ شوہر اخبار پڑھ رہا ہے یا بیوی کی گفتگو سن رہا ہے۔ ہو سکتا ہے وہ ایک ساتھ دونوں میں شامل ہے یا پھر اپنے ماحول سے پوری طرح غفلت برت رہا ہے۔ اچانک وہ اخبار چھوڑ کر کمرے سے باہر نکل جاتا ہے۔ بیوی کا بیان جاری ہے۔ لیکن جب وہ اپنی نظریں اوپر اٹھا کر دیکھتی ہے تو اسے سامنے کے کمرے میں ایک نیگرو نظر آتا ہے۔ وہ اندھا ہے۔ کمرہ میں داخل ہو کر وہ عورت سے ٹکراتا ہے۔ تھوڑی ہی دیر میں پیچھے سے شوہر آجاتا ہے اور نیگرو پر لپک پڑتا ہے۔ وہ اسے مار ڈالتا ہے۔ مرتے ہوئے آدمی نے عورت کو دبوچ رکھا ہے۔ اب وہ مر

چکا ہے لیکن اس کا اندھا پن عورت میں منتقل ہو گیا ہے۔ اس طرح کی لایعنیت کو سمجھنے کے لیے ایک تجریدی ذہن درکار ہے۔ جو کیفیت سیموئل بیکٹ کے ڈرامے Waiting for Godo میں ہے کم و بیش ویسی ہی کیفیت ہیرالڈ پنٹر کے ڈراموں میں ہے۔ صداقت کو پرکھنے اور اس کی تہہ تک پہنچنے کے لیے ایک پر اسرار کیفیت سے گزرنا ہوتا ہے۔ زبان کا استعمال شاعرانہ لیکن تعینت کا لہجہ لیے ہوئے ہے۔

"برتھ ڈے پارٹی" پنٹر کا عجیب و غریب ڈرامہ ہے۔ ایک شخص جو غیر سماجی ٹولی کے ساتھ کام کرتا رہا ہے تائب ہو کر عام آدمی کی زندگی گزارنے کی خواہش میں ایک ایسی جگہ تلاش کر لیتا ہے جہاں عام آدمیوں کا گزر نہ ہو۔ کسی سمندر کے کنارے ایک چھوٹے سے بورڈنگ ہوز میں اسے پناہ مل جاتی ہے۔ ایک معمر خاتون میگ (Meg) اور اس کا بوڑھا شوہر پیٹی (Petey) اس بورڈنگ ہوز کے مالک ہیں۔ میگ ساٹھ سال کے پیٹھے میں ہے۔ وہ ایک کند ذہن لیکن جذباتی خاتون ہے۔ اسٹانلی کے ساتھ اس کا برتاؤ کبھی مادرانہ اور کبھی عاشقانہ ہے گو اسٹانلی اس کی طرف کبھی التفات کی نظر سے نہیں دیکھتا۔ ایک دن دو اجنبی گولڈ برگ اور میکّان بورڈنگ ہوز میں داخل ہوتے ہیں۔ ان سے نظریں بچا کر اسٹانلی پچھلے دروازے سے نکل جاتا ہے۔ میگ کے دل میں یہ خیال گزرتا ہے کہ اس کے بورڈنگ ہوز کی پبلسٹی ہو رہی ہے۔ میگ اعلان کرتی ہے کہ وہ اسٹانلی کی سالگرہ کا دن ہے۔ اسٹانلی کے واپس ہونے سے قبل دونوں اجنبیوں کو وہ جو کچھ اسٹانلی کے بارے میں جانتی ہے بتا دیتی ہے۔ اسی دوران لولو جو ایک پڑوسی ہے وہ بھی برتھ ڈے پارٹی میں شریک ہو جاتی ہے۔ میگ اسٹانلی کو ایک ڈھول جیسا کھلونا تحفے میں دیتی ہے اور اسے بجانے کے لیے اکساتی ہے۔ پہلے تو وہ دھیرے سے بجانے لگتا ہے۔ پھر آہستہ آہستہ آواز بلند ہو کر شدت اختیار کر جاتی ہے۔ اس رات اسٹانلی پتہ چلا لیتا ہے کہ گولڈ برگ اور میکّان کو اس کی تلاش

ہے۔ رات کی پارٹی بڑے زور و شور سے منائی جاتی ہے تاہم دونوں اجنبیوں کا سلوک اسٹانلی کے ساتھ جارحانہ ہے۔ واقعات دلچسپ بھی ہیں اور عبرتناک بھی۔ دوسری صبح ان دونوں کا رویہ اسٹانلی کے ساتھ مزید جارحانہ ہو جاتا ہے۔ لولو پھر ایک بار بورڈنگ ہوز میں داخل ہوگئی ہے۔ وہ گولڈبرگ سے باز پرس کرنے لگ جاتی ہے کہ پچھلی رات اس نے میگ کو لبھانے کی کوشش کی تھی۔ دوسری طرف میگ کو میکّان دھمکانے لگتا ہے کہ وہ ایک مکّار عورت ہے۔ اسے چاہیے کہ اپنے گناہوں کا اعتراف کرلے۔ اسٹانلی حیرت میں پڑ گیا ہے کہ یہاں کیا کچھ ہو رہا ہے۔ رات گولڈبرگ اور میکّان نے اس کی عینک توڑ دی تھی۔ عینک کے بغیر وہ اندھا ہے۔ گولڈبرگ اور میکّان اسے کہیں اور لے جانا چاہتے ہیں۔ اس میں پیٹی مداخلت کرتا ہے تو دونوں اجنبی اس سے کہتے ہیں کہ وہ اسٹانلی کی حفاظت کرنا چاہتے ہیں۔ چاہے تو پیٹی بھی ان کے ساتھ چل سکتا ہے۔ اس پر پیٹی خاموش ہو جاتا ہے۔ دونوں اسٹانلی کو لے کر باہر نکل جاتے ہیں۔ اس مرحلے پر ناظرین کے سامنے ڈرامے کا تھیم ابھر کر آتا ہے کہ چھپنے والے کے لیے دنیا کی کوئی جگہ محفوظ نہیں ہے۔ گولڈبرگ اور میکّان اسٹانلی کو لے کر چلے جاتے ہیں تو پیٹی اکیلا رہ جاتا ہے۔ اسی لمحہ میگ اندر داخل ہوتی ہے اور رات میں ہوئی خوش گوار پارٹی کے واقعات دہرانے لگتی ہے۔ دونوں کے مختصر مکالموں پر ڈرامہ کا اختتام ہوتا ہے۔ میگ کہتی ہے کہ "کیا شاندار پارٹی تھی برسوں میں اسقدر میں ہنسی نہیں تھی۔ ہم لوگ خوب گائے، ناچے اور کھیلے۔ میں سب کی مرکز نظر تھی۔ پیٹی تم بھی اگر رہتے تو مزہ آجاتا۔"

اب ناظرین اس مخمصے میں پڑ جاتے ہیں کہ یہ ڈرامہ کامیڈی ہے کہ ٹریجڈی۔ شاید ایک ایسی کامیڈی ہے جس میں ((Menace آفت ہی آفت ہے اور وہ آفت اسٹانلی کو بھگتنا ہے۔

صاحبِ طرز ادیبوں کے کچھ دلچسپ خاکے

چار اہم شخصیات

مصنف : ڈاکٹر محمد شرف الدین ساحلؔ

بین الاقوامی ایڈیشن منظر عام پر آچکا ہے

حیدرآباد کے نوجوان اداکار معین علی بیگ کو یہ اعزاز حاصل ہے کہ انھوں نے پنٹر کے ڈرامے "One for the Road" میں اداکاری کی تھی اور ناظرین سے خوب داد پائی تھی۔ یہ کوئی دس سال پرانی بات ہے۔

ہیرالڈ پنٹر کے سارے ڈراموں کے کئی پیپر بیگ ایڈیشن چھپ چکے ہیں۔ اس کے علاوہ انھوں نے شاعری بھی کی ہے اور نثر بھی لکھی ہے۔ ۱۹۴۹ء اور ۱۹۷۷ء کے درمیان اس نے جو کچھ لکھا ہے اس کے بھی پیپر بیگ ایڈیشن چھپ چکے ہیں۔ ہیرالڈ کی تحریروں کی خوبی یہ ہے کہ وہ مزاح اور ٹریجڈی کی آمیزش کرتے ہیں۔ اس خوبی سے کہ ناظرین دونوں کیفیتوں سے بہ یک وقت گزرتے ہیں۔ ان کے ہم عصر ڈرامہ نگاروں میں ڈاوڈ ہیر، ہاوارڈ برٹن اور ڈاوڈ ایڈگر کے نام خاص طور پر لیے جاسکتے ہیں لیکن جو کمال ہیرالڈ کو حاصل ہے وہ کسی اور کو نصیب نہ ہوسکا۔ انھیں بیسویں صدی کا اہم ترین ڈرامہ نگار اس لیے مانا جاتا ہے کہ وہ احساس گناہ، جبر، بے چینی، خوف اور انتشار جیسی کیفیات کی آمیزش مزاح کے ساتھ کرتے ہیں۔ وہ صرف مکالموں سے ہی کام نہیں لیتے بلکہ مکالموں کے درمیان جو وقفہ پیدا کرتے ہیں وہ ماحول کو بے حد پراسرار بنا دیتا ہے۔ تعجب نہیں کہ ان وقفوں ہی کی وجہ ہیرالڈ پنٹر کو اس سال کا انعام دیا گیا ہو۔ جو کچھ ہو اس انعام پر دنیا کے تمام ادیب خوش ہیں۔

نوٹ: میں مشکور ہوں پروفیسر آئزک سیکوئرا صاحب کا کہ انھوں نے اس مضمون کے لیے ضروری معلومات فراہم کیں، لٹریچر دیا اور رہبری کی۔

***